나는
왜
생각이
많을까?

홋타 슈고
지음

윤지나
옮김

뇌과학이 선택한
45가지 단순
사고법

나는 왜

생각이
많을까?

Think Simply | 머릿속의 스위치를 끄고
싶을 때 보는 뇌과학 이야기

서 사 원

인간이 다른 동물에 비해 특히 뛰어난 능력은 무엇일까? 그것은 바로 '생각하는 힘'이다. 인류는 본능을 초월해 생각하는 힘을 갖게 된 덕분에 말과 문자, 물건과 기술을 만들어낼 수 있게 됐고, 고도의 문명을 이룩해 생물 피라미드의 정점에 서게 됐다.

'인간은 생각하는 갈대'라는 명언처럼 생각하기 때문에 인간인 것이다. 그러나 생각하는 것에는 약점도 있다.

이는 지나치게 많이 생각한다는 점이다.

생각하는 자세는 좋지만 지나치게 많이 하면 결단을 내리지 못하고 망설이다 한 발짝도 내딛지 못한 채 고민에 빠지는 폐해를 낳을 수도 있다. 생각을 많이 하면 행동하기 어렵거나 심신의 병을 얻기도 한다. 즉, 생각하는 것은 양날의 칼인 셈이다. 합리적으로 판단해 잘못된 선택을 하지 않으려면 생각을 해야 한다. 그러나 생각이 지나쳐 행동이 늦어지거나 부정적인 생각을 갖게 된다면? 이런 문제를 어떻게 대하면 좋을까.

세상에는 생각이 많아 행동하지 못 하는 사람도 있지만 생각을 많이 하지 않고 재빠르게 적절한 행동을 취하는 사람도 있다. 행동이 빠르고 판단이 정확하며 좋은 아이디어도 척척 내는 사람을 예로 들어 보자. 대기업 경영자를 떠올리면 이해하기 쉬울 텐데, 매일 분 단위의 스케줄을 소화하느라 항상 시간에 쫓기면서도 최선의 선택을 하는 사람 말이다.

곰곰이 생각하는 것 같지는 않지만, 그렇다고 운이나 요행만 바라면서 무턱대고 행동하는 것처럼 보이지도 않는다. 행동이 빠르지만 대책이 없거나 무모하지 않고 합리적이다. 이런 사람들은 대체 어떻게 생각하는 것일까? 최근 전 세계적으로 이런 사고와 행동에 관한 연구가 진행 중이다. 심리학, 뇌과학, 언어학, 사회학, 행동경제학 등 다양한 분야에서 생각이 많은 사람과 그렇지 않은 사람의 차이가 밝혀지고 있다. 예를 들면 다음과 같은 연구 결과들이다.

· 불안과 부정적인 감정은 생각할수록 강해진다.

by 미시간주립대Michigan State University 제이슨 모저Moser, J. S.

· 정보가 많고 시간을 들일수록 사람은 합리적인 판단을 못 하게 된다.

by 네이메헌 라드바우드대Radboud University Nijmegen
압 데이크스테르하위스Dijksterhuis, A.

· 잘 잊는 사람이나 두루뭉술하게 기억하는 사람이 사고력이 높다.

by 토론토대University of Toronto 블레이크 리차드Richards, B. A.

· 생각하지 않으려고 애쓰기보다 행동으로 지우는 것이 좋다.

by 캔사스대University of Kansas 타라 크라프트Kraft, T. L.

· 할지 안 할지는 동전으로 정해도 행복도에는 변함이 없다.

by 시카고대The University of Chicago 스티븐 레빗Levitt, S. D.

· 생각할 때보다 멍하니 있을 때 뇌가 더 효율적으로 움직인다.

by 워싱턴대University of Washington 마커스 라이클Raichle, M. E.

· 과거를 회상할수록 뇌는 노화된다.

by 일본 이화학연구소 기무라 테츠야木村 哲也

· 우수한 사람일수록 우수한 사람을 흉내 내 행동과 사고를 효율화한다.

by 서던덴마크대University of Southern Denmark
판텔리스 P. 아날리티스Analytis, P. P.

· 페이스북 검색을 멈추고 들어오는 정보를 줄이면 행복도가
  높아진다.

by 코펜하겐대University of Copenhagen 모르텐 트롬홀트Tromholt, M.

이러한 연구 결과를 한마디로 '생각을 적게 해야 행동력과 행
복감이 커져 일과 인생에 좋은 영향을 준다'로 정리할 수 있다.

실로 수많은 연구에서 이 같은 결론을 내놓고 있다. 이 책에서
는 '생각을 많이 하지 않는 사람의 사고방식'을 전 세계의 연구기
관과 연구자들의 보고를 토대로 설명한다.

총 7장으로 구성됐으며, 1장에서는 생각을 많이 하게 되는 이
유와 생각을 하지 않기 위한 기본적인 방법을 다양한 학문 분야
의 관점에서 소개한다. 2장에서는 '행동의 최적화'를 주제로 갈등
하는 시간을 줄여 신속하고 적절한 판단과 선택하는 방법을 말
한다. 3장에서는 불안한 상태에서 벗어나 '냉정함'을 찾는 방법,
4장에서는 집중력을 높여 '생산성'을 극대화하는 습관을 알려 준
다. 5장에서는 '긍정적인 행동'의 효과와 구체적으로 어떻게 행동
하면 좋은지 설명한다. 6장에서는 최신 연구를 통해 밝혀지고 있
는 '뇌와 몸, 마음의 메커니즘과 행복 및 건강과의 관계', 7장에서
는 '기분 전환'에 좋은 팁을 소개한다.

모든 장에서는 연구 결과와 이론에 대한 설명뿐 아니라 구체

적으로 어떻게 행동해야 하는지 자세한 예시를 들고 있으니 내용을 읽고 생활에 응용하기 바란다.

현대는 정보의 양이 과거에 비해 압도적으로 많아지면서 '정답이 없는 시대'가 됐다. 많은 정보를 쉽게 얻을 수 있는 반면 선택지나 고려해야 할 것이 너무 많아 심플한 것도 더 어렵게 만든다. 많은 정보를 수용하려 하지 말고 이번 기회에 사고를 정리해서 일상생활에 필요한 것, 중요한 것으로 단순화하기 바란다. '생각을 많이 하지 않지만 일의 성취도는 높은 일상'을 여러분이 갖게 되기를 바라면서 지금 바로 단순하게 생각하는 방법을 시작해보자.

CONTENTS

행동을 최적화하라

불안에서 냉정으로

집중의 힘

태도가 긍정적이어야 하는 이유

THINK SIMPLY 06 뇌, 몸, 마음의 관계

RESET & GO!

THINK
SIMPLY
01

생각을 많이 하는 이유·
생각을 많이 하지 않는 방법

인간의 행동원리

애초에 세상은 불안으로 만들어졌다

진화심리학적 고찰

현생 인류인 호모사피엔스는 20만 년 전 지구에 출현했다. 현대 사회는 기술, 테크놀로지가 눈부시게 발전하면서 인터넷만 있으면 어디서든 일을 할 수 있게 됐고, 하루 종일 시간을 보내기에도 부족함이 없는 시대가 됐다.

세상은 이렇게 급변했지만 전혀 바뀌지 않은 것이 있다. 그것은 바로 우리 인간의 행동원리이다. 행동원리란 간단히 말하면 '생물은 무엇에 의해 움직이느냐'이다. 생물학과 심리학이 합쳐진 '진화심리학'에서는 인간의 행동원리를 이렇게 설명한다.

사람은 모두 '불안'에 의해 움직인다.

자신과 가족의 생명을 지키기 위해 우리는 '불안'이라는 기능을 이용해 살아왔다. 불안 때문에 새로운 것을 경계하고 우위에 서고자 하며, 불안을 해소하기 위해 편하고 안심할 수 있는 방법을 추구한다. 즉, 두려워하는 마음도 무언가 하고 싶다는 의욕도 모두 '불안' 때문에 생겨난다는 것이다.

이러한 마음의 메커니즘은 구석기시대부터 하나도 바뀌지 않았다. 화살촉을 열심히 깎던 고대인도 만원 전철에 시달리며 출근하는 현대인도 마음의 메커니즘이나 기능은 같다.

크게 달라진 것은 사람을 둘러싼 환경이다. 현대에는 생활용품이나 전자제품, 철근과 콘크리트로 지은 안전한 집 등 인간의 생존을 위한 필수품이 어디에나 있지만, 수십만 년 전에는 그렇지 않았다. 그때는 사소한 일로 목숨을 잃을 수도 있는 위험한 환경에 노출되어 있었다. 요즘은 소독하고 반창고만 붙이면 금방 낫는 상처도 과거에는 치료를 받지 못해 파상풍으로 사망하기도 했다.

한마디로 긴장을 풀면 죽는 시대였다. 그래서 일상 속 작은 변화나 이질감에도 긴장하고, 그것이 위험한지를 끝까지 주시할 필요가 있었다. 사소한 일에도 불안해하며 경계해야 살아남을 수 있는 시대였다.

그러나 지금은 어떤가? 먹을 것을 찾아 사냥을 갈 필요도 없고 비바람을 피할 집과 난방 기구도 있다. 필요한 것은 편의점이나 슈퍼에서 바로바로 살 수 있다. 온라인 쇼핑몰에서 물건을 주문하면 다음 날 집으로 배송되기도 한다.

목숨을 잃을 위험성이 줄어든 요즘, 무엇이 우리를 불안하게 하는 걸까? 일이 잘 풀리지 않아 우울하거나 인간관계에서 생긴 문제로 마음이 무거울 때가 있을 것이다. 때론 돈 걱정에 낙심하고 불안한 미래와 관련된 뉴스를 보며 마음이 착잡해지기도 할 것이다.

'중세 사람들이 평생 가야 모을 수 있었던 정보가 지금은 하루면 충분히 모을 수 있을 정도'라고 말할 만큼 정보의 양이 많아진 현대에는 한 치 앞을 내다볼 수 없는 미래나 타인의 언동 또는 부정적인 정보들이 우리를 불안하게 한다. 여기에 부정적인 정보에 우선적으로 주목하는 '부정성 편향Negativity Bias'이라는 사람의 특성도 한몫한다. 이러한 성향 때문에 뇌가 정보를 다 처리하지 못 하고 생각할수록 불안해지는 상황이 벌어지는 것이다.

생물은 몇만 년에 걸쳐 천천히 진화해 왔다. '날개가 돋게 해주세요!'라고 기도한다고 해서 날개가 바로 돋는 게 아니라는 이야기이다. 급격하게 문명이 발달한 수천 년은 인류의 20만 년 역사에서 보면 고작 몇 분 전에 지나지 않는다. 이를 진화가 따라 갈 수도 없고 아직까지 뇌와 몸 모두 순응하지 못 하고 있다. '불안해하지 말아야지'라고 마음먹는다고 해서 쉽게 되는 것이 아니란 것이다.

> 발상을 바꿔야 한다. 앞으로는 '불안해하지 말아야지'가 아니라
> '불안과 더불어 살아가야지'라고 생각하자.

걱정 많은 인간의 성향 중 하나인 '불안'은 지금의 고도^{高度} 사회를 탄생시켰다.

과거의 장수도 현대의 잘 나가는 비즈니스맨도 세계를 무대로 대단한 성과를 내며 활발히 활동하는 사람들 모두 불안을 모르는 사람들이 아니다. 불안의 에너지를 긍정적인 방향으로 소화해 다른 사람들이 하지 않는 것을 해내는 사람들이다.

뇌 구조상 불안해하지 않는 사람은 단언컨대 없다. 누구나 본질적으로는 겁쟁이다. 겁쟁이라도 불안과 공포에 휘둘리지 않고 잘 대처하는 방법은 있다.

이 책에서는 '불안'이라는 마음의 기능과 잘 타협해 일상생활에서 어떻게 활용할 수 있는지 다양한 방법을 소개한다. 이 방법들은 전 세계에서 실시된 과학실험의 결과가 반영된 것이며 일본

국내외 대학 및 연구기관에서 내놓은 문헌도 참고했다.

'생각하는 것'은 훌륭한 기술이지만 지나치면 불안이 커져 시간과 에너지만 소모하게 된다. 이렇게 되지 않도록 과학에 근거한 생각을 많이 하지 않는 방법을 알아보자.

How to
UNTHINK

불안해하지 않으려 애쓰지 말고
불안을 잘 활용하자.

고민거리

걱정하는 일의 90%는
일어나지 않는다

펜실베이니아대University of Pennsylvania
탐 보르코벡Borkovec, T. D. 연구진

앞서 세상은 불안에 의해 만들어졌다고 했다. 그런 의미에서 인간에게 적당한 불안은 중요하다. 평소 불안 때문에 주의하게 되고 덕분에 위기를 모면하기도 하고 때론 앞으로 치고 나가기도 한다. 이런 과정을 통해 사회 시스템이 생겼고 문명과 문화가 발달했다.

그러나 불안이 지나치면 당장 처리해야 할 일에 집중하지 못하게 되고 심한 경우 병에 걸리기도 한다. 그럼 대체 어느 선에서 타협하면 좋을까? 호주 시드니대The University of Sydney의 심리학 강사인 마리안나 자보Szabó, M.와 뉴사우스웨일스대The University of New

South Wales의 피터 F. 로비본드Lovibond, P.는 '사람은 대체 왜 고민하는지'를 조사했다. 이 조사를 통해 조사 대상자 중 절반에 가까운 48%가 문제 해결 과정을 고민하고 있다는 걸 알게 됐다. 다시 말해 '이 문제를 어떻게 해결하지?'라며 고민하는 사람이 절반이라는 것이다.

또한 결과를 바꿀 수 없다고 생각하는 사람일수록 다양한 해결책이 있어도 부정적으로 받아들이는 것으로 나타났다. 참고로 뭘 해도 소용없다는 생각을 갖고 있으면 문제를 해결하기 위해 행동하지 못 하게 된다.

이런 경향이 있는 사람은 다른 일이 일어나지 않는 한 계속 고민하는 특징도 보였다. 고민을 잊을 만큼 충격적인 사건이 생기지 않으면 계속 고민에 사로잡혀 있는 것이다.

그렇다. 많은 사람들은 이미 일어난 문제로 고민하는 것이 아니다. '만약 이렇게 되면 어떡하지?', '이런 일이 벌어지면 어떡하지?', '만약 일이 잘 안 풀리면 어떡하지?'처럼 일어나지도 않은 미래를 계속 생각한다.

이와 관련해 미국 펜실베이니아주립대University of Pennsylvania의 탐 보르코벡Borkovec, T. D. 연구진은 다음과 같은 연구 결과를 발표했다.

걱정거리의 79%는 실제로 일어나지 않고,

16%의 사건은 미리 준비하면 대처할 수 있다.

즉, 걱정이 현실이 될 확률은 5%인 것이다. 이 5%의 확률로 일어나는 일은 사상 초유의 천재지변처럼 사람의 힘으로는 막기 힘든 일이다. 그 외 일어나는 대부분의 일은 적절히 준비해 두면 막상 일이 벌어져도 괜찮은 것이다.

고민거리가 생기면 '어떡하지?' 하는 불안한 마음을 안고 행동하지 말자. '이런 결과를 만들어야지'라는 마음가짐으로 적절한 대책과 준비 등을 생각해 보자.

문제가 생겼을 때 행동하지 않는 이유나 행동할 수 없는 이유를 찾는 등 소극적인 자세를 취할수록 불안은 점점 더 깊어진다. 불안할 때는 아무리 생각을 많이 해도 고민을 사라지게 만들 수 없다.

이와 관련해 미국 코넬대Cornell University의 심리학 교수인 길로비치Gilovich, T.와 메드벡Medvec, V. H.은 후회에 관한 다섯 가지 조사를 실시했다.

남녀노소를 대상으로 대면조사, 전화조사, 설문조사 등 다양한 방법으로 조사한 결과 인간은 단기적으로는 '한 일'에 대한 후회는 잘 기억하지만, 장기적으로는 '하지 못 한 일'에 대한 후회를

강하게 기억하는 것으로 나타났다. 게다가 행동하지 않음에 대한 후회는 시간이 지날수록 더 커지는 것으로 나타났다.

하지 않고 후회하는 것보다 하고 후회하는 것이 낫다고 하는데, 인생을 길게 보면 맞는 말이다. 어차피 고민할 거면 적극적으로 고민하는 것이 중요하다. '해결 못 하면 어쩌지?'가 아니라 '어떡하면 해결할 수 있을까?' 하고 행동 중심적으로 생각해 보자. 이런 사고방식을 갖춘 사람들이야말로 결과는 따라오는 것이라 믿고 흔들림 없이 행동하는 건 아닐까.

How to
UNTHINK

내게 일어나는 많은 일을 얼마든지 대처할 수 있다고 믿으면
긍정적으로 고민하는 데 도움이 된다.

망각력

지금의 불안,
1년 후엔 기억하지 못 한다

헤르만 에빙하우스Ebbinghaus, H.의 망각곡선

어제 저녁에 뭘 먹었는지 기억하는가? 그저께 저녁, 3일 전 저녁, 길게는 일주일 전, 한 달 전에는 어땠는지 기억하는가? 이렇게 과거를 거슬러 올라가는 질문일수록 대답하기가 어려워진다.

19세기 독일의 심리학자인 헤르만 에빙하우스Ebbinghaus, H.는 사람의 기억에 관한 연구를 통해 '망각곡선'이라는 이론을 남겼다. 이 이론은 일반적으로 '에빙하우스의 망각곡선'이라고 하는데, 시간이 경과될수록 사람의 기억이 어떻게 변하는지 연구한 것이다.

에빙하우스는 '자음, 모음, 자음'으로 이루어진 의미 없는 세

개의 알파벳을 실험 참가자들에게 보여주고 기억하게 한 다음, 그 기억이 얼마 만에 잊혀지는지 조사했다. 결과는 알파벳을 기억한 지 20분 후에 절반에 가까운 내용을 망각하는 것으로 나타났다. 시간이 경과될수록 남은 기억도 점차 잊어버렸다. 자세한 내용은 다음과 같다.

20분 후 기억한 내용의 42%를 망각한다.
1시간 후 기억한 내용의 56%를 망각한다.
1일 후 기억한 내용의 74%를 망각한다.
7일 후 기억한 내용의 77%를 망각한다.
30일 후 기억한 내용의 79%를 망각한다.

한 달만 지나도 기억한 내용의 80%를 망각하는 것이다. '사람은 망각의 동물'이란 말처럼 사람은 실제로 잘 잊는다.

잘 잊는 게 꼭 나쁜 것만은 아니다. 긍정적인 측면도 있다. 예를 들어 오늘 안 좋은 일이 있었다고 치자. 기분 나쁜 말을 들었거나 업무상 실수를 하면 당연히 기분이 좋지 않고, 내용에 따라서는 한동안 그 상태가 지속될 수 있다. 하지만 그 기억도 한 달 정도 지나면 거의 잊어버리게 된다.

이직 때문에 큰 고민에 빠졌던 기억, 아이를 키우면서 힘들었

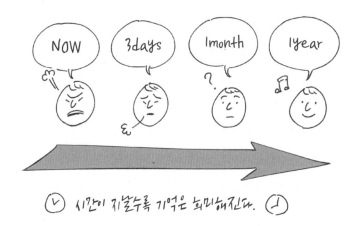

시간이 지날수록 기억은 희미해진다.

던 기억, 동아리 활동이나 공부 때문에 힘들었던 기억 등 사람들은 저마다 힘든 시기가 있다.

시간이 지나면 큰일도 "예전에 이런 일 있었잖아."라고 누군가 말을 꺼내지 않으면 잘 기억나지 않게 되고 기억난다 해도 별감흥이 없어진다. 먼 옛날의 기억은 뇌의 깊숙한 곳에 보관되기 때문이다.

지금 사로잡혀 있는 기분이나 고민도 시간이 지나면 대부분 잊게 된다. 바꿔 말하면 장기적으로 볼 때 사소한 고민에 빠져 보내는 시간은 쓸모없는 일이 될 가능성이 매우 높다는 것이다. 중요한 일은 잊지 않게 기록해서 남기면 되고 그렇지 않은 일에는 굳이 관심을 둘 필요가 없다.

망각은 과거의 불필요한 정보를 깔끔하게 지우고 현재 새로운 정보에 대응하는 능력이기도 하다. 상세한 메커니즘은 뒤에서 설명하겠지만 기억은 아주 상세하게 하는 것보다 두루뭉술하게, 어렴풋이 해야 사고력과 판단력을 높일 수 있다고 알려져 있다. 판단과 정보 처리가 빠른 사람일수록 기억을 잘 못 한다고 한다. 생각을 많이 하지 않기 위해서 망각력을 키우는 것도 중요하다.

How to
UNTHINK

망각력은 새로운 정보에 대한 대응력이다.
잘 잊을수록 사고력은 높아진다.

집중과 행복

지금 이 순간에 집중하지 않으면 뇌는 불안을 불러온다

하버드대Harvard University
매튜 킬링스워스Killingsworth, M. A.와
다니엘 길버트Gilbert, D. T.

한 가지 질문을 해 보겠다. 불안의 반대말은 무엇인가? 그렇다. 답은 안심安心이다. 안심은 마음이 꽉 찬 상태를 말하는데 이 감각을 '행복'이라고도 한다. 사람은 행복해지기 위해 산다는 말이 있다. 이를 비추어 볼 때 사람의 욕구는 불안에서 벗어나 안심과 행복을 얻기 위해 생긴다고 볼 수 있다.

그런데 문제는 행복이 구체적으로 어떤 것인지 알기 어렵다는 점이다. 즉, 행복이 중요하다는 것은 알지만 어떡하면 행복해질 수 있는지 모르는 게 문제이다.

사람들에게 '행복이란 무엇일까요?'란 질문을 던지면 저마다 다르게 대답할 것이다. 행복은 한 문장으로 정의하기 어렵고 행복해지는 방법도 찾기 어렵다. 그렇다면 과학자들은 행복을 어떻게 정의할까?

미국 하버드대Harvard University의 심리학자인 매튜 킬링스워스 Killingsworth M. A.와 다니엘 길버트Gilbert, D. T.는 〈사이언스Science〉지를 통해 다음과 같은 연구 결과를 발표했다.

심신을 집중하면 행복해질 수 있다.

두 사람은 아이폰 앱으로 실험을 했다. 13개국의 18~88세 5000 명에게 '지금 무엇을 하고 있습니까?', '지금 무슨 생각을 하고 있습니까?', '지금 하고 있는 일과 상관없는 생각을 하고 있습니까?' 등 다양한 질문을 하고 답변을 받았다.

그 결과 실험자의 46.9%는 어떤 일을 할 때 자신의 행동과 상관없는 생각을 하는 것으로 나타났으며, 지금 하는 일과 관련 없는 생각을 할 때는 그렇지 않을 때보다 덜 행복하다고 느꼈다. 즉, 눈앞의 일에 집중하지 못 할 때는 행복을 느끼기 어렵고 집중할 때는 행복을 느끼기 쉽다는 거다.

시간 가는 줄 모르고 어떤 일에 열중할 때 그 순간에는 무엇과도 바꿀 수 없는 충족감이 있다. 왜냐하면 어떤 일에 열중할 때는 다른 생각을 할 수 없기 때문이다.

스탠퍼드대Stanford University와 구글이 도입해 화제가 된 '마음챙김 명상'은 깊은 호흡에 의식을 집중해 쓸데없는 생각을 하지 않음으로써 심신을 정화하는 데 목적을 둔다. '번뇌를 버린다'를 바꿔 말하면 '의식을 지금 눈앞에 있는 것에 집중시키는 것(그러면 쓸데없는 생각을 하지 않게 된다)'이다.

불안에 사로잡히지 않으려면 일상에서 눈앞에 있는 일에 집중할 수 있는 회로를 만들어야 한다. 방법은 단순하다. 키워드는 '열심히'이다. 뇌 구조에서 보면 의욕의 스위치는 '그래, 해 보자!'는 생각만으로 켜지지 않는다. 일단 일을 해야 한다. 일을 하면 의욕의 스위치는 자동으로 켜진다. 이 스위치가 켜지면 일을 하는 동안 높은 집중력을 발휘하게 된다. 요약하자면 생각만 하고 몸을 움직이지 않으면 의욕과 집중력이 생기지 않는 게 현대 뇌과학에서 밝혀진 의욕의 메커니즘이다.

일에 집중하려면 '하기 싫다'고 생각하는 시간을 줄이고 가능한 빨리 일을 시작하는 것이 최선이다. 이 사이클을 앞당길수록 생각하는 것을 막아 행복감을 높여준다.

예를 들어 내키지 않는 일을 하기 전에는 하기 싫다, 귀찮다는 생각이 강하게 들지만 '막상 시작하니 집중이 잘 됐어!', '해 봤더니 의외로 충족감이 있어서 즐거웠어!'라고 느낀 경험이 있을 것이다.

일단 일을 시작하고 최대한 빨리 집중 모드로 들어가는 것이 중요하다. 특히 어차피 해야 하는 일일수록 미루지 말고 빨리 시작해 보자. 시간을 끌면 끌수록 하기 싫은 마음은 강해지고, 부정적인 생각이나 감정은 커질 수밖에 없다.

부정적인 충동에 휩싸이면 사람은 도피성 행동을 하게 된다. 전형적인 예시로 시험을 앞두고 공부해야 하는 상황에서 갑자기 방 청소를 한다거나 만화책을 쌓아 놓고 보는 행동 등이다.

그런데 어떤가. 청소를 하거나 만화책을 보는 사이에도 문득문득 '아, 빨리 공부해야 하는데…', '공부 안 하면 큰일 나는데…'라는 불안과 부담감이 고개를 들 것이다. 우선순위가 높은 일을 방치하고 다른 일을 하면 뭘 해도 집중하기 어렵다.

해야 할 일은 미루지 말고 바로 시작하자. '잘 마무리 됐어', '의외로 재미있었어'와 같은 감각이나 성취 경험을 쌓으면 집중하는 회로가 생겨난다. 일에 집중하는 시간에는 생각을 멈춰 보기 바란다.

How to
UNTHINK

우선순위가 높은 일부터 하자.
이것이 행복과 안심으로 가는 지름길이다.

뇌의 힘

멍하니 있을 때
생각하는 힘이 커진다

워싱턴대Washington University
마커스 라이클Raichle, M. E.

'머리를 쓴다'는 말이 있다. 머리를 사용한다는 이 표현처럼 뇌는 생각할 때 많은 에너지를 소모한다. 그런데 최근 뇌과학 연구에서는 다음과 같은 사실을 밝혀냈다.

뇌는 바쁘게 생각할 때보다 아무것도 하지 않고
멍하니 있을 때 두 배의 에너지를 사용한다.

정신과 의사인 니시다 마사키西多 昌規 연구진은 뇌는 의식적으로 사용할 때보다 아무것도 생각하지 않을 때 더 활발히 움직인다고 했다.

워싱턴대University of Washington의 마커스 라이클Raichle, M. E. 연구
진도 같은 내용의 실험 결과를 내놓았다. 실험에서 '행동할 때'와
'멍하니 있을 때' 뇌의 움직임을 비교했는데, 역시 멍하니 있을 때
뇌의 기억을 관장하는 부위와 가치 판단을 관장하는 부위가 활발
히 움직이는 것으로 나타났다. 뇌의 이 같은 기능은 '디폴트 모드
네트워크Default Mode Network'라고 한다.

그럼 뇌는 왜 멍하니 있을 때 더 활발하게 움직이는 걸까? 뇌
는 생각과 같이 의식적으로 어떤 일을 할 때 그 행동과 관련된 부

위가 활성화되고, 그곳으로 에너지가 쏠리게 된다. 뇌 입장에서 보면 에너지가 한 곳에 집중되는 건 그다지 효율적이지 않다.

반면 멍하니 있을 때는 에너지가 뇌 전체로 분산된다. 특정 부위에 집중돼 있던 에너지가 여러 곳으로 분산되면 '유기적 연결'이 일어난다. 이 유기적 연결로 인해 이전에는 교류가 없던 것들이 만나게 되고, 순간적으로 새로운 발상이나 좋은 아이디어를 떠올릴 수 있다.

이를 비유하자면 꿈을 꿀 때와 비슷하다. 꿈속에서는 현실에서 있을 수 없는 조합의 사람이나 물건이 등장하고 비현실적인 상황이 전개되곤 한다. 뇌 전체가 활성화돼 맥락 없이 연결되면 의식적인 사고로는 생각해낼 수 없는 대단한 아이디어가 탄생하게 되는 것이다. 한편 의식적으로 '자, 생각해 보자!' 하고 작정하고 행동하면 뇌가 과열돼 생각이 멈춰 버릴 수 있다.

키워드는 '무의식'이다. 멍하니 있는 것처럼 의식적으로 행동하지 않을 때 뇌는 보이지 않는 곳에서 열심히 에너지를 분산시켜 뇌의 여러 영역을 활성화한다. 아무리 찾아도 보이지 않던 물건이 포기하는 순간 보이듯 조바심이 난다면 한 발 물러나 뇌를 잠시 쉬게 해주자.

나도 이 사실을 알게 된 이후로는 한 문제에 지나치게 심사숙고하지 않고 일단 한 발 물러서서 멍하니 있는 시간을 갖는다. 그럼 꽉 막혀 있던 문제에 아이디어가 강림하는 순간이 온다. 생각에도 완급 조절이 필요한 셈이다.

케임브리지대University of Cambridge의 마크워스Mackworth, N. H.는 인간의 집중력은 30분을 넘지 못 한다고 발표했다. 계속 같은 일을 하면 점점 실수가 느는데 이는 같은 일을 계속하면 뇌가 쉽게 질리기 때문이다. 집중하는 시간과 쉬는 시간을 교대로 가져야 무의식을 잘 활용할 수 있다.

How to
UNTHINK

더 잘 생각하려면
생각하지 않는 시간을 가져야 한다.

THINK
SIMPLY
02

행동을 최적화하라

합리적인 선택

정보가 많다고 선택을
잘 하는 것은 아니다

네이메헌 라드바우드대Radboud University
Nijmegen
압 데이크스테르하위스Dijksterhuis, A.

'인생은 선택의 연속'이라는 말이 있다. 그런데 무엇을 선택하는 건 쉽지 않은 일이다. 사람들이 하는 고민의 상당수가 선택을 하지 못 해 생기는 고민이라고 한다. 2장에서는 고민하는 시간을 줄여 신속하게 선택하는 방법을 살펴보겠다.

먼저 어떤 것을 선택해야 할 때 보통 어떻게 하는지 생각해 보자. 여러분은 물건을 사거나 업무상 무언가를 결정할 때 어떤 과정을 거치는 게 최선이라고 생각하는가? 대부분의 사람은 정보를 많이 모은 다음 가장 좋다고 생각하는 선택지를 고를 것이다. 하지만 '최선의 선택'을 하기 위해 정보 수집에 많은 시간을 할애

한다면 오히려 안 좋은 선택을 할 수 있다.

대체 무슨 말일까? 네덜란드 네이메헌 라드바우드대 Radboud University Nijmegen 의 심리학자인 압 데이크스테르하위스 Dijksterhuis, A. 연구진은 중고차를 이용해 두 가지 실험을 실시했다.

첫 번째 실험에서는 중고차 4대 가운데 1대만 스펙이 좋은 자동차를 준비했다. 실험 참가자들에게 각 차량의 스펙을 설명한 다음 가장 스펙이 좋은 자동차를 고를 수 있는지 알아보기 위해서였다. 참가자들은 크게 두 그룹으로 나누었다.

잘 생각해 고르는 Ⓐ그룹
고를 시간이 부족한(제한 시간이 있고 퍼즐을 푼 다음에 차를 골라야 하는) Ⓑ그룹

모든 참가자에게는 중고차의 연비, 엔진 등 네 가지 항목을 설명한 뒤 차를 고르게 했다.

그 결과 잘 생각해서 고르는 Ⓐ그룹의 대다수가 가장 좋은 자동차를 골랐다. 고를 시간이 부족했던 Ⓑ그룹도 절반 이상이 가장 좋은 자동차를 골랐다.

그러나 이 실험은 몸풀기였다. 진짜는 두 번째 실험이었다. 두 번째 실험에서도 기본 조건은 동일했다. 중고차 4대 가운데 스펙

이 좋은 자동차를 골라야 했다. 이번에도 잘 생각해 고르는 Ⓐ그룹과 고를 시간이 부족한 Ⓑ그룹으로 나눠 진행했다.

단, 첫 번째 실험과 다르게 설명하는 정보의 양에 차이를 두었다. 트렁크의 크기, 컵 홀더 수와 같은 정보를 더해 항목을 열두 개로 늘려 상세히 설명했다.

실험 결과 잘 생각해 고르는 Ⓐ그룹에서 가장 좋은 자동차를 고른 사람은 25% 미만이었다. 애초에 스펙이 좋은 자동차는 4대 중 1대(25%)였으니 대충 찍는 경우와 큰 차이가 없는 결과였다.

반면 고를 시간이 부족한 Ⓑ그룹의 사람 중 60%는 스펙이 좋은 자동차를 골랐다. 왜 이런 결과가 나왔을까?

압 데이크스테르하위스Dijksterhuis, A.는 같은 실험을 축구에서도 실시했다. 참가자를 세 개의 그룹으로 나눠 축구 시합의 승패를 예측하는 실험이었다.

먼저 잘 생각해 고르는 Ⓐ그룹에게는 두 팀 중 어느 팀이 이길지 예측할 시간을 충분히 주었다. 찍는 Ⓑ그룹에게는 온전히 감으로만 어느 팀이 이길지 예측하게 했다. 마지막으로 단시간에 결정하는 Ⓒ그룹에게는 시합과 무관한 과제(퍼즐 등)를 먼저 풀게 한 다음 시간이 촉박한 상태에서 승패를 예측하게 했다.

이 세 그룹 중 가장 정답률이 높았던 것은 단시간에 결정하는 Ⓒ그룹이었다. 참고로 정답률이 Ⓐ그룹과 Ⓑ그룹의 세 배가 넘었다.

　중고차와 축구를 이용한 두 번의 실험 모두 단시간에 결정한 그룹의 정답률이 높게 나타났다. 연구진은 이 결과를 '단시간에 결정해야 하는 그룹은 생각할 시간이 짧은 만큼 주어진 정보에 우선순위를 정해 합리적으로 선택했기 때문'이라고 분석했다.

　예를 들어 중고차의 경우는 '연비', 축구의 경우는 'FIFA 세계 랭킹'처럼 주어진 정보 중에서 중요하다고 생각하는 몇 가지 지표를 추린 다음 신속하게 우선순위를 정해 합리적인 판단을 했던 것이다.

　반면 잘 생각해 고른 그룹은 많은 정보로 혼란이 생겼다. 충분한 시간이 주어지다 보니 컵 홀더 수나 선수에 대한 가십거리 등 자잘한 정보에도 신경을 썼고 이로 인해 작은 결점이나 마이너스 요인들이 결정을 방해하는 큰 문제로 나타났다. 결과적으로 생각을 심플하고 대국적으로 하지 못 했다.

최대한 정보를 많이 모으고 충분히 검토할 시간이 주어지면 선택을 잘 할 것 같지만 꼭 그렇지만은 않다. 이것저것 정보를 검토하면 최선이 아닌 선택을 할 수도 있다는 이야기이다.

생각하는 힘은 '무의식일 때 발휘된다'고 했다. 의식적으로 생각하지 않아도 무의식 중에 정보의 취사선택은 자동으로 이루어진다. 앞서 실시한 두 가지 실험에서도 시간이 많지 않은 그룹은 결정하기 전에 퍼즐을 푸는 등 다른 과제를 수행했는데, 이런 과제를 하는 사이에도 무의식 중에 뇌는 생각을 한 것이다.

반대로 의식적으로 생각하려고 하면 자잘한 것에 신경이 쏠리고 그것이 중대하다는 착각에 빠질 수 있다. 건설적이고 합리적인 사고가 아니라 하나하나 다 따지는 사고를 하면 불안이 증폭돼 점점 더 결단을 내리지 못 하는 상태가 된다. 생각할 시간이 충분하면 좋은 선택을 한다거나 정보가 많을수록 좋은 것만은 아니라는 이야기이다.

일반적으로 일을 잘 하는 사람은 행동이 빠르다. 생각 없이 밀어붙이는 것도 아닌데 항상 최선의 선택을 한다. 이런 사람을 두고 머리 회전이 빠르다, 센스가 좋다, 직감적으로 움직인다고 하지만 본질은 무의식을 잘 활용하고 있는 게 아닐까. 우선순위를 정하고 자잘한 것에 신경 쓰지 않는(잊는) 습관은 불필요한 사고를 없애고 신속하게 행동할 수 있게 해 준다.

How to
UNTHINK

많은 정보량과 충분한 검토 시간이 주어지면
자잘한 것에 신경을 쓰게 된다.

의사 결정과 만족도

'할지 말지'는 동전 던지기로
정해도 마찬가지이다

시카고대The University of Chicago
스티븐 레빗Levitt, S. D.

앞서 '정보는 너무 많지 않은 게 좋을 때도 있다'고 했다. 그런데 중요한 일 앞에서는 가지고 있는 정보가 적어도 신속하게 결정을 내리기가 쉽지 않다. 라이프 이벤트Life Event라 할 수 있는 이직을 예로 들어 보자. 정답인지 아닌지 판단할 지표가 단순하지 않을수록 결정하는 데 많은 시간이 걸린다.

이와 비슷한 문제에 직면했을 때 도움이 될 연구가 있다. 미국 시카고대The University of Chicago 경제학자인 스티븐 레빗Levitt, S. D.은 '인생에서 중요한 선택을 해야 할 때 스스로 결정하지 못 하는 사람들은 어떻게 결단을 내려야 할까?'라는 주제로 조사를 했다.

스티븐 레빗Levitt, S. D.은 조사를 위해서 '동전 던지기 사이트'를 만들었다. 사이트 이용 방법은 심플하다. 먼저 '지금 하고 있는 고민'을 입력한 다음 모니터에 띄워진 동전을 던진다. 동전의 앞면이 나오면 '실행'이라는 메시지가 뜨고, 뒷면이 나오면 '실행하지 않는다'는 메시지가 뜬다. 사이트 이용자는 메시지에 따라 실행하거나 실행하지 않으면 된다. 스티븐 레빗Levitt, S. D.은 이 사이트를 통해 1년 동안 4000명의 고민을 수집했고, '동전 던지기로 결정된 인생이 어떻게 바뀌었는지' 알아보기 위해 이용자를 추적

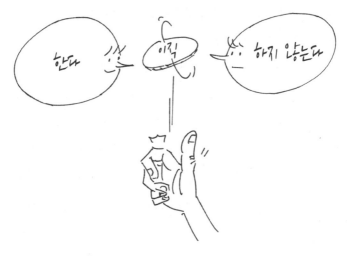

동전 던지기로 정해도 행복도는 높아진다.

조사했다.

사이트 이용자들의 고민 중 대다수는 '지금 하는 일을 그만둬야 할까?'였고, 다음은 '결혼을 해야 할까?'였는데 놀랍게도 이용자의 63%는 동전 던지기 결과에 따라 행동했다.

더 놀라운 것은 동전 던지기 결과를 떠나, 고민을 해결하기 위해서 직접 행동을 한 사람은 6개월 후 행복도가 높은 것으로 조사됐다는 점이다. 다시 말해 퇴사를 결심한 사람도, 그냥 이대로 열심히 다니자고 결심한 사람도 행복도가 높아졌다는 것이다.

결단을 내려야 하는 문제는 어떻게 결정할지가 아니라 '결정할 수 있는지'가 중요하다. 어떤 것이든 하겠다고 결정하든 하지 않겠다고 결정하든 일단 결정할 마음을 먹는 것이 결국 인생의 만족도를 크게 좌우한다.

한 커리어지원회사가 실시한 설문조사에서는 '조만간 이직하고 싶다'는 사람이 응답자 중 93%를 차지했다. 경력 관리 차원에서 이직은 아무런 문제가 없지만 단지 '그만두고 싶은데…'와 같이 애매모호한 상태라면 퍼포먼스를 떨어뜨리는 원인이 된다.

쉽게 결단을 내리지 못 하고 고민만 반복한다면 '앞으로 세 달 동안은 지금 하는 일을 계속하자!'라고 기한을 정하고 이후에 그만둘지 말지 선택하는 것도 좋다.

이 실험처럼 동전을 던져서 결정해도 좋다. 전진하지 못 하고 멈춰서 있는 것은 생각을 많이 하는 원인 중 하나이다. 부디 전진하기 위해 결단을 내리기 바란다. 어떻게 굴러가도 결국 흘러가는 것이 인생사이니까.

How to
UNTHINK

중요한 것은 행동하는 것.
일단 기한을 정해 놓고 행동할지 말지 정하자.

비교에 관한 연구

사람은 왜 비교하는 동물이 됐을까?

레온 페스팅거Festinger, L.와
토마스 무스바일러Mussweiler, T.

사람들은 무언가를 판단해야 할 때 정보를 모아 비교하곤 한다. 예전에는 비교하고 결정하는 게 상당히 어려운 일이었지만 지금은 쇼핑, 외출할 장소, 이사 갈 곳 등 거의 모든 것을 쉽게 비교할 수 있게 되었다.

예를 들어 TV 프로그램이나 인터넷 기사에서는 '랭킹 특집'을 자주 다룬다. 사람들은 이것을 보고 순위가 높은 것을 비교하고 고르게 된다. 또한 다른 사람과 나의 월급을 비교하기도 한다. 만약 그가 받는 월급에 비해 내 월급이 적으면 기분이 좋지 않은데도 말이다. 이런 점에서 '인간은 비교하는 동물'이라고 하는 것이다.

그럼 왜 사람들은 매사에 우열을 가르고 비교하길 좋아하는 걸까? 미국의 사회심리학자 레온 페스팅거Festinger, L.는 다음과 같이 말했다.

사람은 정확한 자기 평가를 위해

사회 비교Social Comparison를 한다.

레온 페스팅거Festinger, L.는 '사람이 사회에 적응하기 위해서는 자신이 처한 상황이나 환경을 잘 알고 있어야 하며, 주변 환경 속에서 자신의 위치를 명확하게 파악하기 위해 비교한다'라고

자신의 위치를 알면 역할도 알기 쉽다.

말했다.

이를 정리하자면 사회에서 살아가려면 나는 누구이고, 어떤 존재인지 아는 것이 유리하다는 이야기이다. 이렇게 자신을 타인과 비교하고 평가하는 것을 심리학에서는 '사회 비교Social Comparison'라고 한다.

사람들이 사회 비교를 하게 된 이유에 대해 독일의 심리학자 토마스 무스바일러Mussweiler, T. 연구진은 이렇게 설명한다.

비교하는 것이 인지 효율을 높이기 때문이다.

예를 들어 자신의 신체 능력이 이느 정도인지 알고 싶으면 다른 사람의 체력평가 결과나 달리기 기록을 비교해 보면 된다. 학력은 시험 점수나 등수를 보면 바로 알 수 있다. 이런 비교 없이 나의 능력이나 성적을 파악하려면 방대한 양의 정보를 처리해야 한다. 애초에 객관적인 지표를 산출하는 것 자체가 매우 어렵다.

인간은 기본적으로 귀찮은 걸 싫어한다. 좋게 말하면 효율주의인데 최소한의 노력으로 판단을 하기 위해 사회 비교를 한다는 이야기이다. 즉 비교는 인간이 사회를 살아가는 데 필요한 중요 기능이다.

하지만 이 기능에 너무 휘둘리는 건 아닌지 생각해야 한다. 끝없는 비교는 매사에 결정을 내리지 못 하고 시간만 허비하게 만들거나 자기 평가나 의욕을 떨어뜨리는 원인이 되기도 한다.

과도한 비교를 그만두려면 정보량 자체를 줄이는 방법밖에 없다. 아예 비교를 하고 싶지 않다면 사람들과 만날 수 없고 정보도 얻을 수 없는 무인도 같은 곳에 가서 혼자 생활하는 것이 가장 효과적이다. 하지만 이는 너무 비현실적이다. 완벽하게 정보를 차

정보와 거리를 두면 비교하지 않게 된다.

단하지 못 하더라도 정보가 들어오는 양은 제한해야 한다.

SNS를 볼 때마다 기분이 썩 좋지 않다면 보지 않거나 사용하는 시간이나 횟수를 줄이는 것도 방법이다. 보지 않으면 비교할 일도 없다. 스마트폰을 볼 때마다 무의식적으로 애플리케이션을 누르는 습관을 없애거나 하루 종일 스마트폰이나 PC에 손을 대지 않는 것도 좋다.

미국 노스캐롤라이나대University of North Carolina의 콘스탄틴 세디키데스Sedikides, C.와 마이클 J. 스트루베Strube, M. J.는 70%의 사람들이 '자신은 평균 이상'이라고 생각한다는 연구 결과를 내놓았다. 이를 '우월의 착각'이라고 하는데 약 20% 정도의 사람들이 자신을 과대평가하고 있다는 이야기이다. 평균 이상이고 싶은 마음이 그만큼 강하다는 반증일 것이다.

한편 '우월한 사람일수록 자신을 낮게 평가한다'는 연구 결과도 있다. 데이비드 더닝Dunning, D.과 저스틴 크루거Kruger, J.는 학생을 대상으로 실험을 했는데, 성적 순으로 상위 25% 이내의 사람들은 평균적으로 자신을 '상위 30% 정도'라며 과소평가하는 것으로 나타났다.

어찌 됐든 비교는 사람이 습득한 편리한 기능 중 하나이다. 그러니 자꾸 비교하는 마음이 든다면 '원래 그런 거야'라고 가볍게 받아들이자.

사회 평가는 누군가가 만든 규칙이나 지표라서 소속된 조직이 바뀌거나 시대가 변하면 평가 기준도 바뀌게 돼 있다. 절대적인 것이 아니라는 이야기이다. 이 정도로만 생각하면 자신의 기준이 더 선명하게 보일 것이다. 모든 것을 비교해서 결정하지 말고 때로는 직감적, 감각적으로 결정하는 것도 좋다.

How to
UNTHINK

인간은 편리함 때문에 비교하는 것뿐이다.
비교하는 것에 지쳤다면 들어오는 정보를 제한하자.

행동과 초조함의 관계

손해 보지 않으려다가
판단을 망친다

홋카이도대北海道大学 무라타 아스카村田 明日香

'서두르다 일을 망친다'고 한다. 조금만 주의하면 아무 문제 없을 일을 서두르다 케어리스 미스Careless Miss, 부주의로 실수할 수 있다.

그럼 사람들은 어떨 때 실수를 저지를까? 일본 홋카이도대北海道大学의 무라타 아스카村田 明日香는 학생들을 대상으로 모니터에 띄워진 화살표를 보고 앞에 놓인 버튼을 이용해 같은 방향의 화살표를 누르는 실험을 실시했다. 학생들은 다음과 같이 세 그룹으로 나누었다.

잘 하든 잘못하든 상관없는 Ⓐ그룹

500엔을 주고 시간 내에 버튼을 누르지 못 하거나 틀리면 2.5엔씩 차감되는 벌금제 Ⓑ그룹

돈을 주지 않은 상태에서 정답을 맞힐 때마다 2.5엔씩 주는 성과제 Ⓒ그룹

이 실험은 성과와 벌금이 실수와 관련 있는지 알아보기 위해 실시됐다. 실험 결과 벌금제 Ⓑ그룹만 Ⓐ그룹과 Ⓒ그룹에 비해 정답률이 크게 낮았다. 평소라면 쉽게 할 수 있는 것임에도 시간 내에 정답을 맞히지 못 하면 돈이 차감된다는 부담감 때문에 마음이 초조해져 실수가 늘어난 것이다.

무라타 아스카村田 明日香는 이와 관련해 다음과 같은 실험도 실시했다. 실험 참가자에게 2000엔을 주고 갬블Gamble과 비슷한 게임을 하게 했다. 이 게임의 규칙은 이렇다. 게임을 시작하기 전 참가자에게 10엔과 50엔 중 하나를 선택하게 한다. 그 후 특수 제작된 장치로 게임을 해서 당첨이 되면 그 금액만큼 돈을 받고, 꽝이 나오면 그 금액만큼 돈을 잃는다.

실험 결과 50엔을 잃으면 다음 게임에도 50엔을 고를 확률이 높은 것으로 나타났다. 즉, 큰 손해를 보면 이를 만회하려고 위험을 무릅쓰는 것이다. 실제로 카지노에서도 큰돈을 잃으면 손

해를 만회하려 안간힘을 쓴다고 한다.

투자에는 '손절損切'이라는 개념이 있다. 이는 떨어진 주가가 상승할 기미를 보이지 않을 때 이미 손해 본 것은 감수하고 파는 것을 의미한다. 손절은 투자 초보자들이 익혀야 할 것 중 하나라고 한다. 바꿔 말하면 초심자일수록 손절損切을 하지 못 하고 질질 끌다 손해를 키우는 경우가 많다는 뜻이다.

아무래도 사람은 손損과 득得 중에서 손損에 더 민감하게 반응하는 것 같다. 사기를 치거나 물건을 파는 상인들의 '지금 사면 돈 법니다!', '오늘만 싸게 팝니다!'라는 상투적인 말에 혹하는 것도 지금 사지 않으면 손해를 볼 것 같은 초조한 마음에서 생겨난 것일 수 있다.

냉정하게 행동하려면 손해에 대한 반응을 직시하고 의식적으로 충동을 억제해야 한다. 초조할수록 바로 판단하지 말고 시간을 두고 생각해 보자. 손해를 의식해 충동적으로 움직이면 더 큰 손해로 이어질 가능성이 크다.

How to
UNTHINK

눈앞의 손해가 걱정될 때, 그때가 제일 위험하다.
서둘러 결정하려 하지 말고 크게 심호흡을 하자.

기억과 판단력

두루뭉술하게 기억하면
빠른 판단을 내릴 수 있다

토론토대University of Toronto
블레이크 리차드Richards, B. A.

살다 보면 공적이든 사적이든 어려운 판단을 해야 할 때가 생긴다. 이때 판단을 쉽게 잘 하는 사람도 있지만 그렇지 않은 사람도 있다. 이 차이는 어디에서 오는 걸까?

그 요인 중 하나로 '기억하는 방식'을 꼽은 연구 결과가 있다. 캐나다 토론토대University of Toronto의 블레이크 리차드Richards, B. A. 연구진은 모든 것을 상세하게 기억하지 말고 두루뭉술하게 기억해야 의사 결정이 빨라진다고 발표했다.

뇌의 용량에는 한계가 있다. 더 중요한 것을 판단하기 위해서는 뇌의 용량을 비우는 것이 좋은데, 이때 세세한 내용을 기억한

다면 뇌의 용량이 가득차게 되고 유연한 사고를 하기 어려워진다고 한다.

42쪽에서 정보량이 적어야 판단을 잘 할 수 있다고 한 것과 같은 원리이다. 뇌는 훌륭하게도 세세한 내용은 기억하지 못 하더라도 '그때 이런 느낌이었지?'라며 두루뭉술하게 기억하고 추상화할 수 있다. 즉 비슷한 사건을 축적해 패턴화하거나 법칙화해서 자연스럽게 우선순위를 정해 주는 것이다.

학업에도 똑같이 적용할 수 있다. 모든 내용을 통으로 암기하지 말고 중요한 것과 그렇지 않은 것을 그러데이션 느낌으로 나눈 다음 포인트만 기억하는 것이 생각을 많이 하지 않는 요령 중 하나라 할 수 있다.

How to
UNTHINK

상세히 기억하지 말고 대충 이런 느낌으로
기억하는 습관을 들이면 사고가 효율화된다.

본능과 사고

사고를 중시하면
이타적인 행동을 할 수 없다

다마가와대玉川大学 사카가미 마사미치坂上 雅道

사람은 이익을 독점하려는 성향의 사람과 이익을 나누려는 성향의 사람으로 나눌 수 있다. 쉽게 말하면 득실에 따라 행동하는 사람과 그렇지 않은 사람의 차이로 나뉜다는 이야기이다. 이 차이는 어떤 문제에 직면하여 판단을 내려야 할 때 큰 영향을 미친다. 과연 이 차이는 유전자일까? 아니면 성격일까?

일본 다마가와대玉川大学의 사카가미 마사미치坂上 雅道 연구진은 실험을 통해 이 두 부류의 뇌의 차이를 밝혀냈다. 실험은 돈이 오가는 게임 형식으로 규칙은 다음과 같다. 참가자들은 각각 받을 수 있는 돈이 정해져 있고, 랜덤으로 짝을 지어 진행한다. 참가자에게는 '협력한다'와 '협력하지 않는다'의 선택지를 준다. '협력한다'를 선택하면 자신이 받을 수 있는 돈에서 일정 금액이 빠져나가게 되고, 빠져나간 금액의 두 배에 달하는 돈이 짝에게 전달된다. 예를 들어 자신이 가진 돈에서 100엔이 빠져나가면 짝에게 200엔이 전달되는 방식이다. 한편 '협력하지 않는다'를 선택하면 자신이 받을 수 있는 돈은 지킬 수 있다.

이 게임은 첫 번째 사람이 상대와 협력할지 협력하지 않을지를 결정한다. 첫 번째 사람의 짝은 상대방의 선택을 듣고 협력할지 하지 않을지 결정할 수 있다. 흥미로운 점은 A가 '협력한다'를 선택하더라도 짝인 B는 '협력한다' 또는 '협력하지 않는다(=배신)'를 선택할 수 있다는 것이다.

A와 B 모두 '협력한다'를 선택하면 모두 100엔씩 받을 수 있다. 반면 A는 '협력한다', B는 '협력하지 않는다(=배신)'를 선택하면 A는 100엔을 손해 보게 되고, B는 200엔을 얻을 수 있다.

즉, '협력한다'를 선택하면 일시적으로 돈이 줄지만 아무도 배신하지 않고 '협력한다'를 선택하면 모두가 '받을 수 있는 돈'을 늘려갈 수 있다. 단, 더 효율적으로 받을 수 있는 돈을 늘리기 위해서는 배신을 해야 한다.

연구진은 이 게임을 하는 동안 참가자들의 뇌 활동을 관찰했다. 관찰한 부위는 대뇌 신피질의 일부인 '배외측전두전야'와 대뇌변

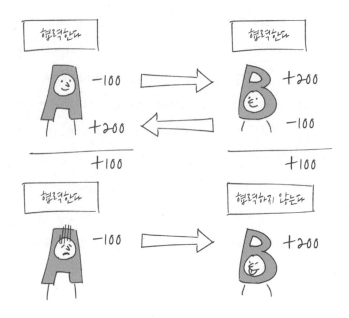

배신하면 '효율적으로' 돈을 벌 수 있다.

연계의 일부인 '편도체'이다. 대뇌 신피질은 이성을 담당하는 새로운 뇌이다. 냉정하게 합리적으로 생각하기 위한 기능을 한다. '생각하는 뇌'라고 할 수 있다.

한편 편도체를 포함한 대뇌변연계는 많은 생물이 갖고 있는 원시적 영역이다. 이곳은 감정과 욕구 등 이른바 '본능'을 담당한다. 이 두 곳을 관찰하고 비교해 이타심은 어떤 부위가 활동할 때 생기는지 알아보았다.

실험 결과 '자신의 이익을 우선시하는(=협력하지 않는다) 사람'은 배외측전두전야(생각하는 뇌)가 편도체(본능의 뇌)보다 큰 것으로 나타났다. 또한 선택을 할 때 배외측전두전야가 강하게 활성화되는 것을 확인했다. 한편 '협력적인 사람'은 편도체가 크고 선택할 때도 편도체가 강하게 활성화됐다.

정리하자면 자신의 이익을 우선시하는 사람은 합리적인 사고를 중시하고, 협력적인 사람은 직관에 맡겨 선택을 했다는 것이다. 즉, 생각하지 않는 사람이 협력적이라는 것이다.

뇌는 일상생활이나 습관 등에 따라 활동하는 부위가 달라지며, 활동을 많이 하는 부위일수록 크게 발달한다. 평소 장단점을 많이 따지는 사람은 어쩌면 생각하는 뇌가 활성화돼 있을 수도 있다. 이런 경향이 있는 사람들은 이해관계가 없는 시간을 가져보는 것도 좋다. 예를 들면 자원봉사활동 같은 것 말이다.

득실만을 따져 행동하는 사람은 손해나 리스크 같은 것을 과민하게 생각하고 받아들이게 된다. 세계적으로 갑부인 사람이 지니고 있는 불안 중 하나가 '돈을 잃는 것'이라고 한다. 큰 부를 거머쥐고 평생 돈 걱정 없이 살 수 있다 하더라도 '이 돈을 날리면 어떡하지?'라는 불안에 사로잡히는 것이다. 그래서 돈을 모으는 데 집착하고 돈을 잃게 되면 큰 공포에 휩싸인다고 한다. 이런 불안 때문에 곁에 있는 행복을 잘 느끼지 못 한다는 말은 오래전부터 전해져 왔다.

생각하는 것은 중요하다. 하지만 머리에 생각이 가득 차면 오히려 인생의 폭이 좁아진다. 일본 속담에 '인정을 베푸는 것은 남을 위해서가 아니다'란 말이 있다. 남에게 인정을 베풀면 돌고 돌아 결국 자신에게 돌아온다는 뜻이다. 사회심리학에서는 '호의의 반보성'이라고 하는데 사람은 호의적으로 대해 주는 사람에게 호의적으로 대하는 경향을 두고 하는 말이다.

사람은 혼자서 살아갈 수 없다. 나쓰메 소세키夏目漱石의『풀베개草枕』첫머리에 '지성에 주력하면 모가 난다'는 말이 나온다. 이는 지나치게 이지적으로 굴면 인간관계에서 마찰이 생긴다는 뜻이다. 인간관계에서는 생각할 것과 생각하지 말아야 하는 것의 균형을 잘 맞춰야 한다.

득실은 '사고', 이타는 '본능'.
이 두 가지의 균형 감각이 인생의
선택지를 넓혀 준다.

THINK
SIMPLY
03

불안에서 냉정으로

부정성 편향

세상에는 왜
나쁜 뉴스가 많을까?

미시간대University of Michigan
스튜어트 소로카Soroka, S. 연구진

세상에는 비관적이고 부정적인 뉴스가 넘쳐 난다. 때론 밝은 뉴스도 보도해 주길 바랄 정도이다. 이런 배경에는 사람들의 심리가 숨어 있다.

미국 미시간대University of Michigan의 스튜어트 소로카Soroka, S. 연구진은 세계 17개국을 대상으로 다음과 같은 실험을 실시했다. 실험 참가자들에게 PC로 BBC 채널의 뉴스를 보게 하고 이때 나타나는 피부의 전기 반응과 맥박을 관찰했다.

그 결과 비관적인 뉴스에 참가자들의 신체 반응이 크게 나타났다. 연구진은 개인차는 있었지만 전체적으로 긍정적인 뉴스보다 부정적인 뉴스를 의식하는 경향이 있다고 보고했다.

미국 오하이오주립대Ohio State University 티파니 이토Ito, T. A. 연구진도 인간의 뇌는 부정적인 정보를 더 빨리 인지하고 제일 먼저 처리하려는 경향이 있다는 연구 결과를 내놓았다.

앞에서도 설명했지만 이렇게 사람들이 매사 부정적인 것을 먼저 받아들이는 경향을 '부정성 편향Negativity Bias'이라고 한다. 부정적인 정보에 주의가 집중되고 뇌가 활성화된다는 것이다. 이 같은 기능은 나쁜 정보를 처리해야 위험을 피할 수 있고 생존 확률도 높일 수 있기 때문에 생긴 것으로 판단하고 있다.

이러한 연구 결과를 보더라도 인터넷이나 TV에서 부정적인 뉴스를 많이 보도하는 이유는 사람들이 이런 뉴스에 반응하기(시청률이나 클릭 횟수) 때문일 것이다.

항간에는 뉴스를 만들고 보도하는 사람 입장에서는 반응이 큰 뉴스가 수익으로 이어지기 때문에 의도적으로 사람들의 이목을 집중시킬 만한 정보를 많이 다룬다는 이야기도 있다. 부정적인 뉴스를 접한 사람들은 각자 의견을 내세워 여론을 형성하고, 형성된 여론은 사회 분위기를 만들어 나간다.

이러한 경향은 세상 어느 곳이나 비슷하게 발생한다. 큰 사건이 일어나면 한쪽에서는 사건과 관련된 무분별한 발언이 터져 나오고 다른 한쪽에서는 자제를 요하는 분위기가 형성되는 것도 부정성 편향이 미치기 때문이다. 부정성 편향은 생존에 필요해서 생겨났지만 스트레스를 많이 받을 때는 부정적으로 작용한다.

뉴스를 보다 우울해지거나 기분이 좋지 않을 때는 미디어와 거리를 두자. 차라리 그 시간에 공부를 하거나 미뤄 왔던 일을 과감하게 시작해 보는 등 다른 행동으로 분위기를 바꿔 보자. 그렇게 조금이라도 부정적인 감정으로부터 시간과 거리를 두면 뇌도 냉정을 되찾으면서 '어? 그렇게 불안해할 일이었나?'라고 생각할 수 있다.

3장에서는 이런 불안이나 부정적인 감정에 맞서 냉정함을 되찾기 위한 방법을 살펴본다.

How to
UNTHINK

기분이 좋지 않을 때는
잠시라도 부정적인 정보를 멀리하자.

감정의 시스템

초조함에 대해
생각하는 시간이 길수록
초조함은 증폭된다

미시간대University of Michigan
브래드 J. 부시먼Bushman, B. J.

최근 초조했던 적이 있는가? 사실 질문은 했지만 평소에는 초조했던 기억을 떠올리지 않는 게 좋다. 초조했던 기억을 떠올리려 하면 연쇄적으로 초조함이 밀려온다는 연구 결과가 있다.

미시간대University of Michigan의 브래드 J. 부시먼Bushman, B. J. 연구진은 분노와 관련해 다음과 같은 실험을 했다. 연구는 총 3단계로 진행됐는데, 먼저 1단계에서는 참가자를 다음과 같이 두 그룹으로 나눈 뒤 특정 작업을 수행하도록 지시를 내렸다.

초조함을 생각하는 Ⓐ그룹

일 처리 진짜 못하네.

너 때문이야!

○
×
△
□
#

1. 핀잔

2. 분풀이

3. 공격

초조함에 대해 생각하면 공격적이게 된다.

초조함을 생각하지 않는(다른 생각을 하는) Ⓑ그룹

그러자 Ⓐ그룹에 속한 사람들은 Ⓑ그룹에 속한 사람들보다 공격적인 모습을 보였다. 행동이 서툰 사람에게 핀잔을 주거나 비판을 하기도 했다. 이러한 경향은 초조함을 생각하는 Ⓐ그룹에게만 나타났다.

2단계는 1단계와 같은 내용의 실험을 하되, 실험자 수를 더 늘려서 진행했다. 결과는 같았다. 초조함을 생각하는 Ⓐ그룹 사람들은 별거 아닌 일에도 분풀이하는 모습을 보였다.

마지막 3단계 실험은 이전의 실험과 다르게 Ⓐ그룹에게 무려

8시간이나 초조함을 생각하게 했다. 마지막 실험에서도 Ⓐ그룹 사람들은 조금이라도 불쾌한 일이 생기면 다른 사람을 공격하는 모습을 보였다.

즉, 초조함은 초조함을 부르는 것이다. 사람은 마음에 들지 않는 일이나 불쾌한 일이 생기면 공격적으로 변한다. 불안은 화를 불러 일으키기도 한다.

지나간 일임에도 괴로운 감정이 든다면 지금의 감정을 상쇄할 작업을 시작하는 등 의식을 다른 쪽으로 돌리는 습관을 들이자. 어떻게든 지금 이 순간의 초조함을 끊어 내는 게 최선이다.

How to
UNTHINK

부정적인 감정을 태도로 나타내면
그 감정은 더 강해진다.

냉정한 사고

감정이 흐트러졌을 때는
마음속으로 10을 세자

노스웨스턴대Northwestern University
엘리 핀켈Finkel E. J. 연구진

앞에서 언급했듯이 화는 평소 우리가 잘못된 판단을 하게 만
드는 원인이 되기도 하고, 모든 분쟁의 근원이 되기도 한다. 다
양한 연구에서는 화와 초조함을 행동으로 표출(고함을 지르거나
물건을 거칠게 다루는 등)하면 누군가에게 분풀이를 하게 되거나
더 강한 부정적인 감정을 일으키는 것으로 밝혀졌다. 그래서 화
를 내지 않는 것이 스스로에게도 좋다.

화를 내지 않는 방법은 의외로 간단하다. 마음속으로 천천히
10을 세자. 이때 1, 2, 3을 세면서 숫자에 집중해야 한다. 숫자 세
기는 미국 노스웨스턴대Northwestern University의 엘리 핀켈Finkel E. J.

연구진이 화를 가라앉히는 데 효과가 있다고 발표한 방법이다.

화나는 일이 생기면 우리 뇌에서는 신경전달물질인 '아드레날린'과 '노르아드레날린'이 분비된다. 얼굴이 빨개지거나 혈압이 높아지거나 심장 박동이 빨라지는 것도 신경전달물질 때문이다.

뇌에는 이 화를 억제하는 기능이 갖추어져 있다. 이는 주로 전두엽이 담당하는데, 전두엽이 활성화되면 감정의 폭발을 냉정한 사고로 가라앉혀 준다. 단, 부정적인 감정이 생기고 나서 대략 4~6초 정도 지나야 전두엽이 활성화된다.

쉽게 말하면 감정이 생기고 난 뒤 4~6초만 잘 참으면 감정에 휘둘리지 않고 냉정하게 사물을 볼 수 있다는 이야기이다. 이 대처법은 화뿐만 아니라 공포나 질투 등에도 효과가 있다. 마음이 무거울 때는 그 기분에 빠져 있지 말고 먼저 숨을 깊게 '후~' 하고 내쉰 다음 천천히 10을 세자.

유럽이나 미국 초등학교에서는 학생이 감정적으로 행동하면 선생님이 "Take a few deep breaths!(심호흡하렴!)"이라 말하고 세 번 심호흡을 시키는 주의 방법이 있다. 이 또한 신경을 호흡에 집중시켜 시간을 끄는 데 효과가 있다.

감정을 가라앉히는 행동으로는 숫자를 세거나 세 번 심호흡을 하거나 물을 마시거나 어떤 것이든 상관없다. 단, 미리 감정을 가라앉힐 행동을 정하고 항상 같은 행동을 하는 것이 좋다.

이를 '조작적 조건화'라고 한다. 뇌는 같은 조건에서 같은 행동을 반복하면 패턴화되는 성질이 있다. 즉, '감정이 흐트러졌을 때는 10을 센다=냉정해질 수 있다'는 공식이 생기면 효과적으로 감정을 억제할 수 있다. 이것은 운동선수들이 경기 전에 하는 루틴과 같은 원리이다.

How to
UNTHINK

부정적인 감정이 들 때는
항상 같은 행동을 하면서 잠시 시간을 보내자.

이성적으로 생각하기

분풀이를 당했을 때는
사실을 재평가해 보자

스탠퍼드대Stanford University
젠스 블리처트Blechert, I. 연구진

앞에서 부정적인 감정에 대처하는 여러 가지 방법을 설명했다. 하지만 상황에 따라서 실천하기 어려울 수도 있다. 예를 들면 가족 등 가까운 사람의 기분이 좋지 않거나, 직장에서 상사나 고객으로부터 부당하게 분풀이를 당했을 때 말이다. 이 순간에는 마음을 비우고 감정을 추스리기가 매우 어려울 것이다.

상대방이 감정적으로 나올 때는 어떻게 해야 좋을까? 스탠퍼드대Stanford University의 젠스 블리처트Blechert, I. 연구진은 실험 참가자를 세 그룹으로 나눠 각기 다른 사람의 표정을 보여 주고 뇌 활동을 비교했다.

평상시 표정을 보는 Ⓐ그룹

화난 표정을 보는 Ⓑ그룹

화난 표정을 보고 그 원인을 생각하는 Ⓒ그룹

실험 결과 가장 부정적인 반응을 보인 그룹은 화난 표정을 보는 Ⓑ그룹이었다. 화난 표정은 사람들에게 부정적인 감정을 일으키게 하는 것이다.

한편 평상시 표정을 보는 Ⓐ그룹에서는 부정적인 반응을 보이지 않았다. 놀라운 것은 Ⓒ그룹이었다. 화난 표정을 보고 그 원인을 생각하는 Ⓒ그룹도 부정적인 반응을 보이지 않은 것이었다. 평상시 표정을 보는 Ⓐ그룹과 비슷한 정도의 반응만이 나타났을 뿐이었다.

왜 이런 결과가 나왔을까? Ⓒ그룹은 '이 사람은 회사에서 상사한테 야단을 맞았나 보다'라며 사진 속 인물의 화난 원인을 파악하는 트레이닝을 거치고 이 실험에 참여했다. 즉, 자신에게 화를 내고 있지만 그 원인은 자신이 아니라 다른 데 있다는 사실을 재평가한 것이다.

부정적인 반응을 보일 때는 뇌의 뒤쪽(후두) 활동이 활발해진다. 화난 표정을 본 Ⓑ그룹에 속한 참가자들 모두 이 부위가 활발하게 움직였다.

그러나 ©그룹의 반응을 보면 후두의 활동은 차분했고, 대신 뇌 앞쪽에 있는 전두엽이 활성화됐다. 이것이 큰 차이점이다.

전두엽은 사람이 진화하는 과정에서 생긴 '새로운 뇌'로, 논리·사고를 담당하는 곳이다. 화가 났다는 사실을 그대로 받아들이면 감정(후두)이 자극을 받지만, '진짜 원인은 따로 있어'라고 이성적으로 사실을 재평가하면 감정을 낳는 뇌 부위의 활동이 억제돼 부정적인 반응을 보이지 않게 된다. 새로운 뇌가 생각함으로써 오래된 뇌는 생각하지 못 하게 만드는 것이다.

'모든 일은 생각하기에 달렸다'고 하는데 틀린 말이 아니었다. 사람들이 화가 나는 데는 반드시 이유가 있다. 화는 일이 뜻대로 되지 않을 때처럼 불안이나 공포를 느낄 때 일어나는 반응이다. 즉, 대부분 당사자의 문제이다. 따라서 아무 잘못 없이 분풀이를 당했을 때는 꼭 사실을 재평가해 보자. '사모님이 집을 나가셨나?', '어제 술집에서 바가지를 쓰셨나?', '주식이 폭락해 손해를 많이 보셨나?'라는 식으로 말이다. 꼭 사실이 아니어도 괜찮다. 일단 이유를 떠올려 보자. 가능하면 유머러스한 이유를 떠올려 보자. 더 낙관적으로 사실을 재평가할 수 있게 해 준다.

이렇게 전두엽을 활성화하는 트레이닝을 하면 타인의 부정적인 행동에 휘말리지 않게 된다.

상대방이 화난 이유를 찾는 훈련을 하면
전두엽이 효율적으로 작동해
냉정해지는 기술을 터득할 수 있다.

변연계와 신피질

불안한 감정을 글로 쓰면
마음이 안정된다

서던메소디스트대Southern Methodist University
제임스 W. 페니베이커James W. Pennebaker 연구진

소원이나 고민을 글로 쓰면 좋다고 한다. 혹자는 이 말이 근거 없는 정신론이라고 생각하겠지만 실제로 '인지행동요법'으로 쓰이는 방법이며, 특히 불안감을 해소하는 데 매우 효과적이라는 연구 결과가 있다.

미국 시카고대The University of Chicago의 제라르도 라미레즈Ramirez, G.와 시안 베일록Beilock, S. L.은 2011년 〈사이언스Science〉지에 다음과 같은 연구 결과를 발표했다. 대학생들을 대상으로 시험을 보는 실험이었는데 '예비 시험'을 먼저 본 다음 '본 시험'을 보는 순으로 진행됐다. 본 시험을 볼 때는 학생들이 불안이나 중압감을

느끼도록 다음과 같은 장치를 마련했다.

시험 내용은 예비 시험보다 난도가 높으며 점수에 따라 돈을 받을 수 있고, 시험 보는 모습을 비디오로 촬영한 뒤 나중에 교원과 학생이 함께 촬영 영상을 본다는 조건을 붙였다. 이런 상황에서 시험을 보는 참가자들을 세 그룹으로 나누고 시험 시작 전 10분 동안 각각 다른 행동을 하게 했다.

아무것도 하지 않고 조용히 앉아 시간을 보내는 Ⓐ그룹

시험을 앞두고 느끼는 자신의 감정과 생각을 글로 쓰는 Ⓑ그룹

지금 기분과 전혀 상관없는 것을 글로 쓰는 Ⓒ그룹

실험이 끝난 뒤 각 그룹의 정답률을 예비 시험 결과와 비교해 보았다. 우선 아무것도 하지 않고 조용히 앉아 시간을 보내는 Ⓐ그룹과 지금 기분과 전혀 상관없는 것을 글로 쓰는 Ⓒ그룹의 정답률은 예비 시험과 비교했을 때 7%가 떨어졌다. 반면 시험을 앞두고 느끼는 자신의 감정과 생각을 글로 쓴 Ⓑ그룹의 정답률은 4% 높아졌다. 중·고등학교 내신 시험, 대학 입시, 자격시험 등은 근소한 점수 차이로 합격과 불합격이 나뉘기 때문에 이 정답률의 차이는 상당히 큰 결과라고 할 수 있다.

감정이나 생각을 글로 쓰는 게 좋은 결과로 이어지는 걸까?

계속 말하지만 부정적인 감정은 뇌의 '대뇌변연계'라는 부분에서 생겨난다. 이 부정적인 감정을 억제하는 것은 '생각하는 뇌'인 '대뇌신피질'이다. 즉, 감정을 조절하기 위해서는 이 대뇌신피질을 어떻게 활성화시키느냐가 관건인 셈이다.

이런 측면에서 보면 불안한 감정이나 생각을 글로 쓰는 것은 '사고를 통해 분석하는 작업'이라고 할 수 있다. 분석 중에는 대뇌신피질(그중에서도 특히 전두엽)이 활성화된다. 즉, 불안을 글로 쓴 ⑧그룹은 사고를 통해 불안한 감정을 분석하는 동안 전두엽이 활성화돼 냉정함을 되찾을 수 있었던 것이다.

이와 비슷한 연구가 또 있다. 미국 텍사스주Texas에 있는 서던메소디스트대Southern Methodist University의 제임스 페니베이커James

W. Pennebaker 연구진은 글을 쓰는 동안 동작에 따른 감정 변화를 실험했다. 참가자들은 다음과 같은 두 그룹으로 나누고 매일 글을 쓰게 했다.

매일 자신의 부정적인 감정을 글로 쓰는 Ⓐ그룹
방에 대한 묘사 등 사실을 글로 쓰는 Ⓑ그룹

하루에 15분 정도 4일간 부정적인 감정을 글로 쓴 결과, Ⓐ그룹은 일시적으로 부정적인 감정이 강해졌지만 장기적으로는 긍정적 감정이 강해진 것으로 나타났다.

실험을 시작한 지 4개월 후 매일 자신의 부정적인 감성을 글로 쓰는 Ⓐ그룹과 방에 대한 묘사 등 사실을 글로 쓰는 Ⓑ그룹을 비교해 보니 Ⓐ그룹은 기분과 감정이 개선됐고 컨디션이 나쁜 일수와 건강센터(우리나라의 찜질방 같은 곳—옮긴이)를 찾는 횟수가 줄었다.

글을 쓸 때 포인트는 '통찰언어'를 사용하는 것이다. 통찰언어란 생각한다, 느낀다, 이해한다 등과 같은 사고나 이해에 관련된 말로 이런 언어를 많이 사용한 사람일수록 부정적인 감정이 줄어든 것으로 나타났다.

시험 전 느끼는 불안을 글로 쓰는 것과 마찬가지로 자신의 생

각과 감정을 깊이 파고들어가 글을 쓰는 게 중요하다. 글쓰기를
일기 쓰듯 습관화하면 언어화의 정도精度가 높아져 감정 조절을
효과적으로 할 수 있을 것이다. 잠들기 전에 글을 쓰면 숙면을 취
하지 못 할 수 있다. 이럴 때는 낮이나 샤워를 하기 전에 쓰는 걸
추천한다.

How to
UNTHINK

감정은 객관적으로 분석할 때 차분해진다.
이때는 '~라고 생각한다', '~라고 느낀다' 등의
통찰언어를 쓰자.

욕망을 끊자

충동에 사로잡혔을 때는 30초 탭핑이 효과적이다

뉴욕 세인트루크병원St. Luke's Hospital
리처드 웨일Richard Weil 연구진

스트레스가 쌓이면 사람들은 다양한 충동에 사로잡힌다. 예를 들어 '단 게 당겨!', '중독성 있는 음식을 먹고 싶어!'와 같은 충동 말이다. 뉴욕 세인트루크병원St. Luke's Hospital의 리처드 웨일Richard Weil 연구진은 이런 생리적 충동을 쉽게 가라앉히는 방법이 있다고 발표했다. 그것은 탭핑Tapping이다.

탭핑이란 다섯 손가락을 톡톡톡 가볍게 두드리듯 움직이는 동작을 말한다. 이 탭핑을 이마에 30초간 하면 폭식 충동이 반으로 줄어든다는 연구 결과가 있다. 탭핑하는 곳은 귀도 좋고 벽을 두드려도 3분의 2정도 충동이 억제되는 효과가 있다. 이 방법은 의식을 다른 곳으로 돌려 시간을 버는 사이 이성을 작동시켜 충동을 누르는 원리이다.

영국 플리머스대University of Plymouth의 제시카 스코르카 브라운 Skorka-Brown, J. 연구진도 비슷한 실험 결과를 발표했다. 연구진은 모든 참가자에게 하루에 3분 이상 7일간 스마트폰으로 테트리스 Tetris 게임을 하게 했다. 그 결과 음식, 술, 담배, 성욕, 그리고 약물이나 놀러 나가고 싶은 충동적인 욕구가 1/5까지 억제됐다고 한다.

참가자들은 7일간 평균 40회 이상 테트리스를 했는데 지속적으로 효과가 있었다고 한다. 테트리스는 적당한 난이도에 사고

탭핑하면 충동이 억제된다.

측면뿐만 아니라 시각적으로도 의식을 집중하기에 좋아 효과가 있던 것으로 분석된다.

폭음, 폭식, 기호품에 의존하거나 게임 등과 같은 충동적인 행동은 버릇(나쁜 습관)인 경우가 많다. '이러면 안 되는데…'라고 생각하는 버릇이 생길 것 같다면 탭핑을 하거나 스마트폰에 테트리스를 다운 받아 즐겨 보기 바란다.

이렇게 말하는 나도 할 일이 없을 때는 과자를 찾는 버릇이 있다. 그래서 시험 삼아 탭핑과 테트리스를 했는데 두 방법 모두 확실히 효과가 있었다. 이렇게 시간을 벌면 무의식적인 행동이 의식적인 행동으로 바뀌기 때문에 '정말 좋을까?', '이게 몇 킬로칼로리였지?'라고 이성적으로 생각하게 된다. 버릇을 고치거나 감정의 파도를 진정시킬 때 도움이 되니 우울하거나 초조한 감정에 사로잡히는 순간 꼭 해 보기 바란다.

How to
UNTHINK

충동적인 욕구가 생기면 일단 STOP!
나쁜 버릇을 좋은 행동으로 바꾸자.

정보와 거리두기

페이스북을 끊으면
행복해진다

코펜하겐대University of Copenhagen
모르텐 트롬홀트Tromholt, M.

여러분은 SNS를 사용하는가? SNS는 누구나 자유롭게 글을 쓰고 업로드하는 장점이 있지만 'SNS 피로 증후군'이라는 신조어를 낳기도 할 만큼 단점도 있다.

2015년 SNS와 관련된 흥미로운 실험이 진행됐다. 덴마크 코펜하겐대University of Copenhagen의 모르텐 트롬홀트Tromholt, M.가 '페이스북'을 주제로 한 실험이다. 페이스북 계정이 있는 1095명의 참가자를 두 그룹으로 나누고 일주일 후 생활에 대한 만족도를 조사했다.

페이스북을 사용하는 Ⓐ그룹

페이스북을 사용하지 않는 Ⓑ그룹

실험에 앞서 참가자들에게 평소 페이스북을 어떻게 이용하는
지(포스팅 횟수, 이용 방법, 접속 빈도 등), 현재 생활의 만족도와 감
정 상태 등 설문 조사를 실시했다.

일주일 후 페이스북을 사용하지 않는 Ⓑ그룹은 현재 생활, 인
생의 만족도가 높아졌고 감정까지 긍정적으로 변했다. 이러한
경향은 특히 '남의 글을 보기만 하는 사람들'에게서 나타났다.

그중에서도 헤비유저(접속 빈도가 높고 이용 시간이 긴 사람) 가
운데 다른 사람의 포스팅을 부러워하던 사람일수록 이러한 경향
이 강했다.

다시 말하지만 사람은 '사회 비교'를 하는 동물이다. 즉, 주변
을 관찰해 자신이 있는 위치를 명확히 하려 한다. 이런 성향이 강
한 사람일수록 SNS를 자주 사용하면 지나친 비교로 인해 감정이
흐트러지거나 피로감을 느낄 수 있다.

예를 들어 자신이 포스팅한 글에 사람들의 '좋아요'가 몇 개 달
리는지 신경 쓴다거나 다른 사람과 나를 비교하는 사람들은 SNS
이용에 주의가 필요하다. 만약 여러분에게 이런 경향이 있다면
SNS 사용 횟수를 줄이거나 일정 기간 접속을 하지 않는 것도 방

법이다.' 내 주변에도 SNS를 끊은 사람들이 있는데 '안 하니까 속이 편해졌다', 'SNS에 꽤 많은 시간을 허비하고 있었다는 사실을 알게 됐다'고 말했다.

정보가 너무 많으면 고민하고 생각에 빠진다. 마음이 심란하거나 지쳤을 때는 정보량을 줄이길 바란다.

How to
UNTHINK

마음이 지쳤을 때는
SNS 접속 시간을 줄이거나 한동안 끊어 보자.

인간관계의 정보 처리

부족한 정보는 넘겨짚지 말자

메라비언의 법칙The Law of Mehrabian

인간관계에서는 말이 아니라 상대방의 태도 때문에 기분이 상하는 경우가 종종 있다. 이럴 때는 대체 어떻게 하면 좋을까? 여기서도 중요한 포인트는 역시 정보이다.

사람들의 커뮤니케이션도 결국 정보를 주고받는 일이다. 이야기하는 내용뿐만 아니라 상대방의 표정, 시선, 목소리 톤, 성량, 몸짓이나 손짓 등이 모두 정보에 속한다. 이런 정보를 가지고 우리는 커뮤니케이션을 한다.

정보의 비율은 학설에 따라 다르지만 가장 유명한 '메라비언의 법칙The Law of Mehrabian'에 따르면 말로 전달되는 정보는 30% 정도라고 한다. 고맙다는 말 한마디도 웃는 얼굴로 "고마워!"라고 하는 것과 다른 일을 하면서 무뚝뚝하게 "고마워."라고 하는 것은 뉘앙스가 다르다. 커뮤니케이션에서는 말도 중요하지만 말 이외의 '비언어 정보'도 매우 중요한 것이다.

문자나 SNS를 한 번 생각해 보자. 문자로 소통하는 경우에는 앞서 언급한 비언어 정보가 쏙 빠지게 된다. 이럴 때는 표현에 특별히 주의를 해야 한다. 그렇지 않으면 오해가 생기기 쉽다. '!', '?' 등과 같은 문장부호나 이모티콘 등 비언어 정보를 보완해 주는 도구가 없으면 글이 너무 딱딱해 보이거나 차가운 인상을 줄 수 있다.

이러한 커뮤니케이션의 특징을 이해하고 평소 상대방에게 문자를 받았을 때 느낌을 떠올려 보자. 문자를 주고받으면서 상대방의 사소한 태도(말투 등)에 쌀쌀맞다, 매너가 없다고 느낀 적이 있을 것이다.

그렇다고 이 정도의 일로 말다툼을 하거나 싸우는 사람은 거의 없다. 왜냐하면 문자를 보낸 사람이 의도를 가지고 그러는 것은 아니기 때문이다. 무뚝뚝하거나 기분 나빠 보이는 태도의 이면에는 배려할 여유가 없어서, 바빠서와 같은 사정이 있는 것이지 특별한 의도가 있다고 보기 어렵다.

부족한 정보만으로 내게 시비를 걸고 있다거나 이 사람은 화가 났다고 넘겨짚는다면 오해가 생길 수 있다. 이렇게 넘겨짚어 사람을 대하는 일은 바람직하지 않다. 사람의 심리에는 '반보성' 이 있어 악의를 품고 사람을 대하거나 가시 돋힌 커뮤니케이션을 하면 상대도 똑같이 나오게 돼 있다.

무엇보다 이런 식의 인간관계는 우리의 사고를 부정적으로 만들어 생각을 많이 하게 만드는 원인이 된다. 아주 신경을 안 쓰긴 어렵지만 필요 이상으로 민감해지지 않게 부족한 정보를 넘겨짚지 말자. 계속 신경이 쓰인다면 81쪽에서 소개한 '사실의 재평가' 가 감정을 다스리는 데 매우 효과적이니 시도해 보기 바란다.

How to
UNTHINK

말 이외의 정보를 마음대로 생각하고 넘겨짚지 말자.
내가 우호적으로 대하면 상대도 우호적으로 나온다.

THINK
SIMPLY
04

집중의 힘

최적의 작업 공간

약간의 소음은
생산성을 높인다

일리노이대University of Illinois
라비 메타Mehta, R. 연구진

고민이 있거나 일이나 공부에 집중해야 할 때 '혼자 조용한 곳에서 집중하고 싶다'고 생각한 적이 있을 것이다. 일반적으로 대부분의 사람은 일이나 공부를 하는 공간은 조용한 게 좋다고 생각한다.

그러나 미국 일리노이대University of Illinois의 라비 메타Mehta, R. 연구진은 놀라운 연구 결과를 발표했다. 이 연구진은 다섯 가지 실험을 통해 어떤 환경에서 작업할 때 일이 가장 잘 되는지 조사했다.

Ⓐ저소음(50dB): 조용한 사무실의 소음 수준

Ⓑ중간소음(70dB): 고속도로를 주행하는 차내의 소음 수준

Ⓒ고소음(85dB): 구급차 사이렌의 소음 수준

그 결과 Ⓑ중간소음(70dB)에서 일할 때 창의성이 높아지는 것으로 나타났다. 반면 Ⓒ고소음(85dB)은 사고를 방해하는 것으로 나타났다. 즉, 약간 소음이 있는 환경이 뇌에 좋다는 것이다. 특히 '추상적인 것'을 생각할 때 좋다고 한다. 예를 들어 프레젠테이션 내용을 생각하거나 보고서를 쓸 때, 새로운 안건을 생각하거나 전략을 짜는 것처럼 곰곰이 생각할 때 적합하다. 이는 바꿔 말하면 같은 공간에서 같은 작업을 계속하면 뇌는 금세 지쳐서 하나에 진득하게 집중하기 어렵다는 이야기이다.

그런 점에서 작업 환경으로 좋은 곳은 어느 정도 소음이 있는 카페이다. 이유는 세 가지인데 첫 번째는 앞서 언급했듯이 사람의 목소리나 식기를 나르는 소리 등 약간의 잡음이 작업 능률을 향상시키기 때문이다. 이를 '커피숍 효과'라고 한다.

두 번째 이유는 향이다. 서울대 서한석 연구진은 '원두 향에는 활성산소에 의해 파괴된 뇌세포를 회복시키는 효과가 있다'고 발표했다. 활성산소란 수면 부족이나 피로 원인이 되는 물질을 말한다.

이 실험에서는 수면이 부족한 쥐의 뇌를 관찰했다. 수면 부족 상태에서는 스트레스를 억제하는 세포가 적게 발견됐는데 쥐에게 원두 향을 맡게 했더니 일부 세포가 회복되는 효과를 보였다. 즉, 원두 향은 피로 회복과 스트레스를 억제한다는 것이다. 실제로 원두 향을 맡으면 머리가 맑아져 잠이 달아나는 자극이 있다.

세 번째 이유는 '루틴화'에 따른 의식의 전환 효과를 기대할 수 있기 때문이다. 항상 정해진 카페에 가서 작업을 하면 조건반사적으로 '카페에 간다=뇌가 창조적으로 일한다'는 공식이 생기고, 카페에 가면 작업에 집중할 수 있게(의욕적으로 바뀌게) 되는 것이다.

이는 집에서도 응용할 수 있다. 일하는 장소를 정하고 이 자리, 이 책상에 앉으면 뇌가 창조적으로 바뀐다는 공식을 만드는 것이다. 작업 중에 음악이나 라디오를 틀거나 가족 목소리, 바깥에서 나는 소리가 들으면 뇌에 자극이 된다. 여기에 커피(향이 중요하기 때문에 원두만으로도 충분하다)를 곁에 두면 카페와 같은 환경을 만들 수 있다.

무조건 조용한 곳이 아니면 집중이 잘 안된다며 예민하게 생각하지 말고 약간의 소음이 있는 편이 낫다고 생각을 바꿔 보자. 분명 전보다 일의 퍼포먼스가 향상될 것이다. 이 장에서는 이러한 집중과 생산성에 관한 연구에 대해 살펴보겠다.

'집중해야 하는데…'라며
예민하게 생각하지 않아야 집중이 잘 된다.

의식과 무의식

집중력을 유지하려면 아무 생각 없이 하는 동작을 해라

플리머스대University of Plymouth
재키 안드레이드Andrade, J. 연구진

여러분이 이야기를 하는데 상대가 종이에 낙서를 하고 있다면 어떻겠는가? '나를 만만하게 생각하나?'라는 생각에 기분이 언짢을 수 있다. 그런데 낙서를 하는 이유는 나를 만만하게 생각해서 행동하는 게 아니라는 연구 결과가 있다. 영국 플리머스대University of Plymouth 재키 안드레이드Andrade, J. 연구진은 '낙서를 하면서 일을 하면 기억력이 좋아진다'는 연구 결과를 발표했다. 이 실험에서는 참가자들에게 어떤 내용이 녹음된 테이프를 들려주고 그 내용을 기억하도록 했다. 참가자는 다음과 같이 두 그룹으로 나누었다.

낙서하듯 선을 따라 도형을 그리면서 내용을 듣는 Ⓐ그룹

아무것도 하지 않고 가만히 내용을 듣는 Ⓑ그룹

그 결과 선을 따라 도형을 그리면서 내용을 듣는 Ⓐ그룹은 Ⓑ 그룹에 비해 기억한 내용이 30% 정도 많았다. 얼핏 생각하면 하나에 집중해야 뇌가 더 잘 움직일 것 같지만 그렇지 않다. 뇌의 집중력은 지속력이 매우 부족한 것으로 알려져 있고, 일정량의 집중력을 다 쓰고 나면 정보 처리가 멈추게 된다.

그 결과 작업 시간이 길어질수록 주의가 산만해져 다른 데 정신이 팔리게 된다. 이 작용을 뇌의 '인지부하이론'이라고 한다. 반면 낙서하듯 손을 움직이면 뇌에 자극을 주게 된다. 이 자극이 뇌의 에너지를 분산시켜 오랫동안 집중력을 유지시키는 것으로 보고 있다.

뇌는 무의식 중에 많은 일을 한꺼번에 훌륭히 처리한다. 앞에서 설명한 디폴드 모드 네트워크Default Mode Network처럼 에너지가 한 곳에 집중돼 있을 때보다 여러 곳으로 분산됐을 때 더 잘 움직인다.

반면 의식 상태에서는 멀티태스크Multitask가 약해져 극단적으로 집중력이 떨어진다. 예를 들어 낙서 수준이 아닌 만화나 복잡한 일러스트를 그리거나 어려운 계산을 하면 부하가 너무 커서

이야기가 귀에 잘 들어오지 않는다. 의식적으로 하는 작업을 멀티태스크로 하는 것은 불가능하다.

암기를 할 때 책상에 가만히 앉아서 하지 말고 뒤로 걷거나 소리를 내서 뇌의 에너지를 분산시키면 기억력이 좋아진다는 사실이 실험을 통해 밝혀지기도 했다.

'생각하지 않고 할 수 있는 행동'을 추가해라. 사람은 한 가지 일에 장시간 집중할 수 없다. 그러니 중간에 휴식을 취하거나 멍하니 있는 시간을 만들어 에너지가 한 곳에 집중되지 않게 하자. 생각할 때도 모든 집중력을 동원하지 말고 적당히 에너지를 나눠 생각하는 것이 좋다.

How to
UNTHINK

머리 쓰는 일을 할 때 머리 쓰는 일과
상관없는 단순한 행동을 추가하면 일의 능률이 오른다.

스피드 업

사고 효율화의 비결은
자기 취향인 사람 흉내 내기

서던덴마크대University of Southern Denmark
판텔리스 P. 아날리티스Analytis, P. P. 연구진

일이든 취미든 무언가 잘 풀리지 않을 때는 스트레스를 받기 마련이다. 가끔은 초조해지거나 짜증이 날 때도 있다. 그럼 매사를 잘 풀어 가려면 어떻게 해야 할까?

가장 좋은 방법은 '누군가를 흉내 내는 것'이다. 예로부터 무예나 학문, 예술을 비롯한 모든 일을 처음 익힐 때는 잘 하는 사람에게 전수 받아 흉내(재현) 내는 데서 시작됐다.

단, 흉내를 내는 데도 요령이 있다. 서던덴마크대University of Southern Denmark 판텔리스 P. 아날리티스Analytis, P. P. 연구진은 14,000명을 대상으로 선택과 만족감에 관한 연구를 실시했다. 영

화를 고를 때 누구의 정보를 참고하는지 알아보기 위해 실험 참
가자들을 다음과 같은 그룹으로 나눠 비교했다.

Ⓐ자신과 취향이 비슷한 개인의 선택을 흉내 내는 경우
Ⓑ많은 사람이 선택하는 것을 흉내 내는 경우
Ⓒ취향이 비슷한 집단의 선택을 참고해 결정하는 경우
Ⓓ취향이 비슷한 사람들이 선택한 몇 개의 선택지 중에서 자신의
취향을 반영해 결정하는 경우

그 결과 Ⓐ의 선택을 흉내 내는 경우가 가장 퍼포먼스가 좋은
것으로 나타났다.
어느 유명한 뮤지션은 자신이 '신'으로 떠받들던 뮤지션을 무
작정 따라 하며 음악을 했다고 말했다. 취미가 맞는 사람, 호감
있는 사람의 흉내를 내는 것이 몰입이 잘 된다.
흉내 내는 건 좋지 않다고 생각하는 사람도 있을 테지만 흉내
란 사물의 기본 정보와 핵심 포인트를 인스톨Install하는 행위이
다. 중요한 포인트와 각각의 작업 의미를 이해하지 못 하면 숙달
속도가 느리거나 경우에 따라서 고생은 고생대로 하고 헛수고로
끝날 수도 있다.
학學은 '배우다'라는 뜻도 있지만 '흉내 내다'라는 뜻도 있다.

문화는 역사적으로 기존에 있는 것에 독자적인 변화를 주어 발전하기도 했기 때문에 '마음에 드는 것을 흉내 내는 스타일'은 사람들의 성향에 잘 맞을 것이다.

또한 '자기 취향인 사람을 흉내 내는 것'은 어떤 일을 숙달하는 데 좋으며 빠른 결단을 내리는 데에도 도움이 된다는 보고가 있다. 아날리티스Analytis, P. P. 연구진은 '우수한 사람일수록 무언가를 결정해야 할 때 자신과 취향이 비슷한 사람을 찾아 그 사람의 의견을 참고하여 신속하게 결정한다'고 발표했다. 반대로 그렇지 않은 사람은 대중적인 의견에 따라 결정하는 경향이 있는 것으로 나타났다.

일을 잘 하는 사람 중에는 확실히 같은 업계에서 일하는 선배나 다른 분야의 믿을 만한 전문가를 친구로 둔 경우가 많다. 이들은 아마 의식적으로든 무의식적으로든 스승이나 롤모델이 될 만한 사람을 찾고 곁에 둘 것이다. 그리고 결단을 내리기 어려운 순간이 오면 믿을 만한 사람의 의견을 듣고 빨리 결정한 다음 적극적으로 행동할 것이다.

나는 맛집 순위 사이트에서 나와 음식 취향이 같은 사람(리뷰어)을 몇 명 팔로우하고 있다. 한 번도 가 본 적 없는 식당을 고를 때 그들의 리뷰를 참고하는 편이다. 실제로 팔로우한 사람이 다녀간 식당을 선택하면 취향이 비슷해서인지 실패하는 법이 없다.

이는 음식뿐만 아니라 음악이나 영화도 마찬가지이다. 제3자의 의견을 거치면 자신의 취향을 더 객관적으로 분명하게 파악할 수 있다. 또한 새로운 일도 '이 사람이 그렇다고 한다면...' 하는 생각에 도전하기 쉬워진다. 벽에 부딪혔을 때는 호감 있는 사람을 흉내 내보기 바란다. 지금까지 보이지 않았던 새로운 방법이나 시각을 발견하게 될 것이다.

How to
UNTHINK

효율적으로 흉내를 내면
매사에 고민하는 시간이 줄어든다.

마음 챙김의 과학

하루 10초, 호흡에 집중하자

캘리포니아대University of California
데이비드 지글러Ziegler, D. A. 연구진

전 세계적으로 명상과 마음 챙김이 붐을 일으키고 있다. 마음 챙김의 방식은 다양하지만 잡념을 버리고 호흡에 집중한다는 큰 틀은 같다.

명상은 생각을 많이 하지 않게 해 주는 방법으로도 효과가 있다. 미국 캘리포니아대University of California 데이비드 지글러Ziegler, D. A. 연구진은 만 18~35세의 참가자들에게 새로 개발한 스마트폰 명상 앱을 이용해 6주 동안 명상을 하도록 지시했다.

참가자들은 명상 방법이 담긴 비디오를 보며 한 번에 10~15초 동안 의식을 집중하면서 심호흡을 했다. 그 다음 연구진은 참가자들의 집중력이 얼마나 지속됐는지, 집중력이 늘어났는지 등을 측정했다. 6주 동안 총 명상 시간은 20~30분 정도였다. 짧은 시간이었지만 참가자들의 집중력은 높아졌고 단기 기억력도 상승됐다. 주의력과 관련성이 높은 뇌파도 긍정적인 변화를 보였다.

현대인은 PC나 스마트폰을 들여다보는 시간이 늘었기 때문에 신경 써서 관리하지 않으면 거북목과 라운드 숄더로 고생할 수 있다. 전문가는 이 자세를 유지하면 근육이 수축돼 내장이 압박을 받게 되고, 그 결과 호흡이 얕아지고 자율신경이 흐트러지는 등 컨디션 난조를 겪게 된다고 지적한다. 하루에 몇 초만이라도 바른 자세로 호흡에 집중하면 얕아진 호흡을 개선시킬 수 있고, 나아가 의시 개혁이나 기분 전환에 도움이 된다고 말한다.

이 실험에서 중요한 포인트 중 하나는 명상 앱을 이용함으로써 트레이닝의 성과를 직접 눈으로 확인할 수 있게 했다는 점이다. 명상을 꾸준히 하는 동안 기쁨을 담당하는 뇌의 보수계가 자극을 받아 참가자들의 명상에 관한 의욕도 높아졌을 것이다. 그런 의미에서 앱을 이용해 자신의 명상 결과를 확인하는 습관을 들이는 것도 도움이 될 것이다.

짧은 시간 동안 행하는 습관도
성취도를 눈으로 확인할 수 있다면
의욕이 높아져 좋은 결과를 맛볼 수 있다.

지금을 살아가야 하는 이유

추억에 잠기면 뇌는 노화된다

일본 이화학연구소理化學研究所
기무라 데쓰야木村 哲也 연구진

나이가 들면 건망증이 심해진다고 한다. 어쩔 수 없는 일이니 자연스럽게 받아들여야 하는 걸까? 그러나 너무 낙담하지 말자. 하루하루 습관을 바꾸면 건망증을 막을 수 있다는 연구 결과가 발표됐으니까.

일본 이화학연구소理化學研究所의 기무라 데쓰야木村 哲也 연구진은 과거의 기억을 장시간 떠올리면 그 기억이 뇌에 저장될 때 '타우'라는 단백질이 축적되기 쉽다는 사실을 밝혀냈다. 뇌에 축적된 타우 단백질은 기억장애를 일으키는 것으로 알려져 있다. 즉, 장시간 추억에 잠기는 일이 잦을수록 뇌가 노화될 가능성이 높다는 것이다.

지금까지 타우는 나이가 들수록 축적되는 양이 늘어난다는 사실만 알려져 있을 뿐 축적되는 이유는 밝혀지지 않았다. 다만 이 실험을 통해 나이가 들수록 과거를 회상할 기회가 많아져서 타우의 축적량이 늘어나는 것은 아닌가 판단하고 있다. 다시 말해 옛 친구들을 만나 가끔씩 '그때가 좋았지'라며 회상하는 정도는 괜찮지만, 늘 옛 생각에 잠겨 있으면 심신에 좋지 않은 영향을 주는 것이다.

우리는 불안하거나 자신감이 떨어지면 과거를 떠올려 자신감을 회복하려고 할 때가 있다. 예를 들어 학창 시절 동아리 활동 이야기나 일과 관련된 무용담 등 말이다. 개중에는 10년, 20년 전 일을 마치 어제 일처럼 선명하게 기억하고 이야기하는 사람들이 있다. '그때 잘 해냈으니까 이번에도 극복할 수 있을 거야!'라며 자기 자신에게 용기를 북돋는 차원이라면 모를까, '그때는 좋았는데...'라며 연연하거나 '그때 비하면 지금은...'이라며 절망한다면 큰일이다. 새로운 자극과 스트레스에 약해질 수 있기 때문이다.

무조건 새로운 것에 도전할 필요는 없지만 뇌를 건강한 상태로 유지하기 위해서는 어느 정도 새로운 자극이 필요하다. 그것이 경험이 됐든 인간관계가 됐든 말이다.

자신이 옛 생각에 잠기거나 '이렇게 되면 어떡하지?' 하고 불안한 상상만 하는 편이라면 가능한 생각하는 시간을 줄이고 행동과 경험에 시간을 쓰도록 노력해 보자.

낡은 기억을 잊는 데는 새로운 행동이 효과적이다. 미국 노터데임대University of Notre Dame의 가브리엘 라드반스키Radvansky, G. A. 연구진은 사람은 문지방을 넘어서면 잘 잊는다는 연구 결과를 발표했다. 이 연구진은 실험 참가자들에게 테이블 위에 놓인 장난감 블록을 다른 테이블로 옮기게 하는 실험을 했다. 이때 참가자

overwrite: 이미 데이터가 존재하는 곳에 새로운 데이터를 기록함으로써
이전 데이터가 지워지게 하는 기록 방법-옮긴이

들을 다른 방으로 이동시킨 뒤 방금 전에 어떤 블록을 옮겼냐고 물어보면 대답을 잘 하지 못 했다.

이는 '문을 연다'는 새로운 자극으로 인해 뇌의 단기 기억(워킹 메모리Working Memory)이 자극을 받아 직전의 기억이 지워지기 때문이라고 추측한다. 즉, 중요한 것을 생각할 때는 장소를 이동하지 않는 게 좋다. 이를 반대로 생각하면 새로운 행동을 하면 낡은 기억을 잊을 수 있다는 이야기가 된다. 예를 들어 기분이 언짢은 일이 있을 때 행동을 하면 잊을 수 있다는 것이다.

이는 장기 기억도 마찬가지이다. 영국 케임브리지대University of Cambridge의 마이클 C. 앤더슨Anderson, M. C. 연구진은 새로운 것을 배우면 낡은 기억을 잊는 데 도움이 된다고 발표했다. 과거를 살지 말고 지금 이 순간을 사는 것이 뇌의 관점에서는 좋은 일인 것이다.

How to
UNTHINK

낡은 기억은 새로운 기억으로 지울 수 있다.
그래서 행동이 중요하다.

기억의 효율화

멍하니 있을 때
뇌는 기억한 것을 복습한다

막스플랑크연구소Max Planck Institute
니콜라스 슈크Schuck, N.와
프린스턴대Princeton University 야엘 니브Niv, Y.

36쪽에서 멍하니 있는 동안 인간의 뇌는 '디폴트 모드 네트워크Default Mode Network' 상태가 돼 에너지가 뇌의 여러 영역으로 퍼져 활성화된다고 했다. 이는 비교적 새로운 이론으로 현재 다양한 연구가 진행 중인데, 최근 연구에서는 멍하니 있으면 기억력과 판단력을 담당하는 해마에도 좋은 변화가 생기는 것으로 밝혀졌다.

독일 막스플랑크연구소Max Planck Institute의 니콜라스 슈크Schuck, N.와 미국 프린스턴대Princeton University 야엘 니브Niv, Y.가 공동으로 실시한 이 실험은 2단계로 진행됐는데 먼저 피험자들에게 '얼굴'

과 '집'이 겹쳐 있는 사진을 보여 주었다. 그 다음 이 사진이 '젊은 얼굴/새집(young)'인지 '늙은 얼굴/낡은 집(old)'인지 판단하게 했다. 이 테스트를 40분 동안 실시하고, 실험 전과 후에 5분 동안 쉬게 했다.

이 실험은 인간의 뇌가 'young'과 'old'를 판단할 때 과연 사진 속의 얼굴을 보고 결정하는지 아니면 집을 보고 결정하는지 확인함으로써 인간의 뇌가 어떻게 사진을 인식하는가에 대한 테스트이다. 실험에서는 지금 보고 있는 사진의 판단(young인가? old인가?)이 직전의 판단과 같다면 얼굴을 보고 결정하는지 집을 보고 결정하는지가 같은 것이고, 직전의 판단과 다르다면 얼굴과 집

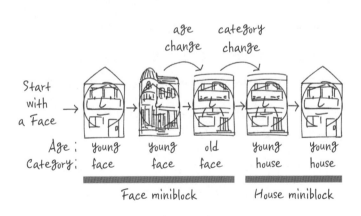

실험 모델표

에 대한 판단이 달라지는 것으로 추정해 판단의 카테고리가 어느 정도 블록을 형성하도록 했다.

예를 들어 처음에 얼굴을 보고 'old'라고 판단하면 다음 사진을 볼 때도 얼굴을 보고 판단하게 되는데, 다음 사진을 'young'이라고 판단한 경우에는 그다음 사진은 집을 보고 'young' 또는 'old'를 판단하게 된다는 이야기이다(언뜻 관련이 없어 보이는 것을 제시함으로써 특정 판단에 익숙해지지 않도록 하는 것은 실험에서 흔히 사용되는 기법이다).

이 결과를 토대로 실험 2단계에서는 1단계와 같은 내용의 실험을 1~4일 후에 실시하고 이때 뇌에서 어떤 일이 일어나는지 관찰했다. 여기서 밝혀진 것은 피험자들은 테스트 후 5분 동안 휴식을 취하는 사이 '직전에 본 것을 해마에서 자동으로 재생(리플레이Replay)한다'는 사실이다. 즉, 쉬는 동안 직전에 일어난 사건을 뇌가 자동으로 처리한다는 것이다. 이른바 '자동복습기능'이라고 할 수 있다. 이 결과에서 보면 공부나 일을 하는 중간에 짧게 휴식을 취하면 기억이 잘 정착돼 정보 처리가 효율적으로 이루어진다고 볼 수 있다.

기억에 관한 연구에서 '분산 효과'라는 이론이 있는데, 공부할 때는 연속적으로 계속 외우는 것보다 어느 정도 시간을 두고 복습하는 게 효율적이라고 알려져 있다. 캐나다 요크대York University

의 니콜라스 J. 세페다Cepeda, N. J. 연구진은 이렇게 공부한 사람은 시험 정답률이 64%나 향상됐다는 연구 결과를 발표했다.

잠깐 휴식을 취할 때는 생각하지 말고 멍하니 있는 게 좋다. 가능한 일에 대해 생각하거나 게임을 하는 등 다른 것에 의식이 가지 않도록 하는 것이 좋다. 그러려면 여유롭게 차나 커피를 준비하는 것도 좋다. 이때 모래시계를 준비해 놓고 차를 끓이는 동안 모래가 떨어지는 모습에 집중하며 멍하니 있으면 더욱 도움이 될 것이다.

How to
UNTHINK

공부할 때는 중간중간 멍하니 있자.

THINK
SIMPLY
05

태도가 긍정적이어야 하는 이유

행복의 조건

75년의 추적 연구로 밝혀진
행복과 건강을 향상시키는
한 가지 방법

하버드대Harvard University 성인발달연구소
조지 베일런트Vaillant, G. E. 연구진

'사람들의 고민 중 90%는 인간관계에서 비롯된다'고 한다. 이와 관련된 연구가 있다. 하버드대Harvard University가 추진 중인 성인발달연구를 위해 조지 베일런트Vaillant, G. E. 연구진이 실시한 조사이다. 연구진은 하버드대를 졸업한 남성 그룹과 보스톤에서 자란 가난한 남성 그룹(약 700명)을 추적 조사했다. 이 연구는 무려 75년 동안 대상자를 추적하여 행복도와 그 요인에 대해 조사했다. 긴 연구의 결론은 다음과 같다.

우리의 행복과 건강을 향상시키는 것은 좋은 인간관계이다.

인간의 행복과 건강은 집안, 학력, 직업, 주거 환경, 연수입, 노후자금의 유무가 아니라 인간관계와 직접적으로 연관이 있다는 것이다. 더불어 단 한 명의 친구라도 좋으니 진심으로 신뢰할 수 있는 사람이 곁에 있는지가 중요한 것으로 나타났다.

대인관계가 좋은 상황(신뢰할 수 있는 사람이 곁에 있는)에서는 긴장이 풀려 뇌가 건강하게 유지되고 심신의 고통이 완화되는 반면에 고독을 느끼는 사람은 병에 걸릴 확률이 높고 수명이 짧아지는 경향을 보였다. 부자나 사회적 지위가 높다고 해서 행복한 것은 아니라는 이야기이다.

이와 관련해 일본 아이치 의과대愛知医科大学 마쓰나가 마사히로松永 昌宏 연구진은 다음과 같은 실험을 실시했다. 18~25세의 실험자에게 연구진이 준비한 스토리를 읽으라고 지시한 다음 타액 내 '세로토닌'이라는 호르몬의 양을 측정했다.

스토리는 생애 이벤트나 인간관계를 소재로 한 소설로써 실험자가 주인공에게 감정을 이입해 추경험(간접 경험)을 할 수 있게 만들었다. 생애 이벤트 내용은 긍정적, 중간, 부정적 세 종류였고 인간관계를 다룬 소설도 긍정적인 친구, 부정적인 친구, 친구가 없는 경우의 이야기였다. 스토리 조합은 참가자에 따라 다르게 구성했다.

실험 결과 참가자들의 행복도를 가장 많이 높여 준 스토리는

'긍정적인 친구'가 등장하는 조합이었다. 생애 이벤트가 부정적이더라도 밝고 행복한 친구가 있는 사람은 행복을 느끼는 것이다. 한편 부정적인 친구가 있는 경우에는 친구가 없는 것보다 행복도가 떨어지는 경향을 보였다.

인간은 공감 능력이 뛰어나서 행복한 기분이든 불안이나 분노 같은 부정적인 감정이든 상대가 발산하는 감정을 그대로 받아들여 같은 감정을 갖게 된다. 그래서 긍정적인 사람을 만나면 자신의 인생도 긍정적인 방향으로 흘러갈 여지가 있다.

현대 사회에서는 인간관계의 이해득실을 따지는 경우가 많아 '관계를 유지하면 도움받을 일이 있을 거야'라는 생각에 만남을 이어가거나 허세나 체면 때문에 만남을 유지하는 관계도 있다. 억지로 이어가는 인간관계는 의미가 없을 뿐더러 행복도를 떨어 뜨리기도 한다. 그러니 괜한 데 신경 쓰지 말고 긍정적인 친구와 함께 지내면서 스스로도 긍정적인 태도를 갖출 수 있게 노력하고 만족할 만한 인간관계를 만들기 바란다.

앞에서 소개한 연구 결과를 보면 인생에는 승자도 패자도 없다. 재산, 연애, 직위, 사회적 지위 등은 순간의 불안을 떨쳐 주는 것에 불과할 뿐 본질적으로 삶의 문제를 해결해 주지 못 한다.

5장에서는 '긍정적인 태도'와 그 효용성에 대해 살펴본다.

행복에 가장 영향을 주는 것은 인간관계이다.
좋은 인간관계를 맺으려면 긍정적인 태도를 갖춰야 한다.

긍정적인 사고의 함정

긍정적으로 생각하려 하면 할수록 수렁에 빠진다

미시간주립대Michigan State University
제이슨 모저Moser, J. S. 연구진

앞서 행복에 필요한 것은 '좋은 인간관계'이고 이를 위해서는 긍정적인 태도가 중요하다고 강조했다. 이번에는 긍정적인 태도란 구체적으로 어떤 것인지 살펴보겠다.

미국에서 시작된 자기계발 붐이 전 세계적으로 인기를 얻으면서 사람들은 '긍정적인 사고'에 관심이 높아졌다. 매사를 부정적으로 생각하기보다 긍정적으로 받아들이는 게 좋다고 생각되겠지만 긍정적인 사고가 항상 좋은 것만은 아니다.

미국 미시간주립대Michigan State University의 제이슨 모저Moser, J. S. 연구진은 **부정적인 사람들에게 긍정적인 이야기를 하면 역효**

과가 난다'는 연구 결과를 발표했다. 실험에 앞서 연구진은 참가자들이 자신을 '긍정적인 사고의 소유자'라고 생각하는지 '부정적인 사고의 소유자'라고 생각하는지 확인해 보았다. 그 후 참가자들에게 남성이 여성의 목에 칼을 들이대고 있는 충격적인 영상을 보여 주고, 이를 가능한 긍정적(낙관적)으로 해설해 달라고 요청한 다음 뇌의 혈류 반응을 관찰했다.

먼저 자신을 긍정적인 사고의 소유자라고 밝힌 사람들의 혈류에는 특별히 큰 변화가 없었다. 반면 부정적인 사고의 소유자라고 밝힌 사람들의 혈류는 매우 빨라졌다. 혈류가 빠르다는 것은 뇌가 이것저것 생각하며 고속 회전을 하는 상황으로, 속도가 빨라질수록 패닉 상태에 빠지게 된다. 즉, 혈류의 반응이 적고 완만한 사람은 심리적으로 안정돼 있다는 이야기이다.

혈류가 빨라진 사람들에게 '지금보다 더 긍정적으로 생각하세요!'라고 지시했지만 혈류가 완만해지기는커녕 오히려 더 빨라졌다. 이를 '백파이어 효과Backfire Effect'라고 하는데 가지고 있던 정보를 수정하려다 오히려 그 정보의 부정적인 생각만 강화시키는 상태를 말한다.

한 번 끓어오른 부정적인 감정을 억지로 긍정적으로 받아들이려 한다면 뇌가 혼란스러워져서 과열되는 것이다. 즉, 원래 부정적인 사람이 무리하게 긍정적으로 생각하려고 하면 자기모순에 빠져 오히려 자신의 부정적인 사고를 깨닫게 돼 부정적인 사고를 자극하는 원인이 된다. 낙담한 사람에게 "파이팅!", "기운 내!"라고 말하는 게 역효과가 나는 이유는 이러한 메커니즘 때문이다.

부정적인 상태일 때는 생각을 바꾸려 하지 말고 '아, 지금 부정적이구나'라며 내 감정을 인정하는 것부터 먼저 해 보자. 이때 자신의 상태를 두고 '좋다', '나쁘다'는 평가도 하지 말자. 가능하면 자신을 3인칭 시점으로 보고 '아, 그는 지금 부정적이구나'라고 있는 그대로 묘사하면서 슬쩍 사고를 다른 곳으로 돌려 보자.

제이슨 모저Moser, J. S. 연구진은 3인칭 시점으로 속마음을 이야기할 때 감정과 관련된 뇌 부위의 활동이 급격히 느려진다는 사실을 밝혀냈다. 부정적인 감정에 신경을 쓰거나 '이선 좋지 않아!'라고 부정하면 오히려 감정이 더 강화된다. 이럴 때는 객관적으로 자신의 상태를 인식하고 의식을 다른 곳으로 돌리려는 행동이 긍정적인 사고로 가는 첫 걸음이 될 것이다.

생각만으론 감정이나 행동을 긍정적으로 바꿀 수 없다. 긍정적인 태도를 갖추어야 사고가 긍정적으로 바뀌는 것이다. 왜 이렇게 되는지 그 메커니즘에 대해 계속 살펴보겠다.

How to
UNTHINK

사고로 행동을 바꾸기보다
행동으로 사고를 바꾸는 것이 쉽다.

표정의 과학

스트레스 억제와
감정을 바꾸는 미소의 힘

캔자스대University of Kansas
타라 크래프트Kraft, T. L.와
사라 프레스맨Pressman, S. D.

불안감이 심할 때는 사고와 감정이 부정적으로 변한다. 이럴 때 억지로 긍정적인 사고를 하려 하면 자기모순에 빠져 오히려 더 부정적인 방향으로 흘러갈 수 있다.

'다 생각하기 나름이지!' 하고 심기일전할 수 있으면 좋으련만 쉬운 일은 아니다. 그런데 최근 뇌과학에서는 감정은 사고(사고방식)보다 몸의 움직임 등 외적인 요인에 큰 영향을 받는 것으로 보고 있다. 즉, '긍정적인 태도'를 습관화해 사고와 감정을 긍정적인 방향으로 바꿀 수 있다는 것이다.

미국 캔자스대University of Kansas의 타라 크라프트Kraft, T. L.와 사

라 프레스맨Pressman, S. D.은 학생들을 대상으로 스트레스와 표정에 관한 실험을 실시했다. 이 실험에서는 참가자들을 세 그룹으로 나눴다.

무표정한 Ⓐ그룹
젓가락 끝을 물어 입꼬리를 올린('이'라고 발음할 때 입 모양) Ⓑ그룹
젓가락을 옆으로 길게 물어 크게 미소를 만든 Ⓒ그룹

그런 다음 모든 그룹의 참가자들에게 얼음물에 1분간 손을 넣거나 거울에 비친 대상의 움직임을 보고 평소 잘 쓰지 않는 손으로 따라 하게 하는 불편한 방식을 통해 스트레스를 느끼게 했다. 이때 연구진은 참가자들의 심박수를 측정하거나 참가자들 스스로 스트레스를 얼마나 받는지 그 수준을 평가하게 했다.

그 결과 Ⓐ그룹과 비교했을 때 Ⓑ그룹과 Ⓒ그룹은 스트레스가 적은 것으로 나타났다. 특히 Ⓒ그룹은 심박수도 낮은 것으로 확인됐다. 즉, 미소에는 스트레스 억제 효과가 있는 것이다. 미소만으로 뇌가 즐겁다, 기쁘다는 착각을 일으키기 때문이다. 미소가 클수록 효과도 커진다.

영국 얼스터대University of Ulster의 노엘 E. 브릭Brick, N. E. 연구진은 미소를 띤 채 운동을 하면 힘든 것을 잊고 운동할 수 있다는

실험 결과를 발표했다. 미소가 신체 감각에도 영향을 주는 셈이다. 생각이 많을 때는 일단 입꼬리를 올려 방긋 웃어 보자. 따분하고 지루한 작업을 할 때도 입꼬리를 올리면 좋다.

미소는 인상을 크게 바꿔 놓기도 한다. 미국 캘리포니아공과대California Institute of Technology의 존 오도허티O'Doherty, J. 연구진은 타인의 미소를 보면 '기쁨'을 담당하는 뇌 내 보수계가 활성화된다는 연구 결과를 발표했다. 이는 내 미소가 상대방을 기쁘게 만든다는 말이기도 하다.

미소는 긍정적인 인간관계를 형성하는 데도 매우 효과적이다. 갓난아기나 어린아이의 웃는 얼굴을 보고 자신도 모르게 아이를 따라서 미소 지은 경험은 누구나 한 번쯤 있을 것이다. 이 또한 아이들의 미소에 자극을 받은 뇌 내 보수계가 활성화됐기 때문이라고 본다.

동북공익문화대학東北公益文化大学의 마시코 유키히로益子 行弘 연구진은 미소가 클수록 활력성, 지배성 등이 강해진다는 연구 결과를 발표했다. 타인의 호감도도 높아지는 것으로 나타났다. 미소가 크면 그만큼 더 매력적으로 보인다는 것이다.

정리하자면 미소는 다양한 장점이 있는 표정이자 불안을 다스리는 데 필요한 요소 중 하나이다. 지금 당신의 표정은 어떠한가? 의식적으로 표정을 짓지 않으면 사람은 상당히 무뚝뚝하고 무표정한 상태로 있게 된다. 그러니 얼굴 근육을 써서 미소를 습관화하고 이런저런 고민을 하거나 생각하기 전에 미소부터 지어 보자.

How to
UNTHINK

감정은 미소로 바꿀 수 있다.
생각이 많을 때는 방긋 웃어 보자.

감정의 전달

부정적인 태도는 전염된다

미국립위생연구소National Institutes of Health
아마드 R. 하리리Hariri, A. R. 연구진

이전 내용에서는 긍정적인 태도를 유지하는 게 중요하다고 거듭 강조하고 있다. 그런데 왜 부정적인 태도를 취하면 안 되는 걸까? 그 이유를 과학적으로 밝혀낸 연구가 있다. 미국립위생연구소National Institutes of Health의 아마드 R. 하리리Hariri, A. R. 연구진은 실험 참가자들에게 불안과 공포를 느낄 만한 사진을 보여 주고 뇌의 편도체를 관찰했다. 편도체는 사람이 불안, 공포와 같은 부정적인 감정을 느낄 때 활동하는 부위이다. 참가자들에게 보여준 사진은 다음과 같다.

① 공포나 분노가 가득한 사람의 표정

② 동물이나 곤충 등 야생 생물

③ 권총이나 사고, 폭발 등 인공적인 공포물

실험 결과, 편도체가 가장 큰 반응을 보인 사진은 ①공포나 분노가 가득한 사람의 표정이었다. 편도체는 사람의 부정적인 표정을 볼 때 본능적으로 반응하는 것으로 나타났다.

이와 관련해 미국 하와이대University of Hawaii의 일레인 햇필드 Hatfield, E. 연구진은 '부정적인 사람과 함께 있는 시간이 길어질수록 같은 생각을 하게 된다'는 연구 결과를 발표했다. 부정적인 사람과 함께 시간을 보내면 표정, 자세, 발화 방식이나 동작까지 비슷해지는 것으로 나타났다.

즉, '사람은 타인의 부정적인 언행, 심리 상태에 영향을 받아 무의식적으로 흉내를 내게 된다'는 것이다. 게다가 사람은 원래 부정적인 일에 더 민감하게 반응하는 성질(부정성 편향Negativity Bias)이 있어 긍정적인 것과 부정적인 것이 함께 있다면 부정적인 것에 의식을 쏟기 마련이다.

부정은 부정을 불러온다. 그래서 부정적인 태도가 좋지 않은 것이다. 이러한 태도를 계속 취한다면 주변 환경도 이 영향을 받아 부정적으로 변하기 때문에 마이너스가 커질 가능성이 있다.

126쪽에서 행복해지려면 긍정적인 인간관계가 꼭 필요하다는 연구 결과를 소개했다. 이를 위해서 부정적인 태도를 보이지 말고 매일 언행을 긍정적으로 해 보자. 긍정적인 감정과 태도도 사람들에게 전파되기 때문이다.

주위에 부정적인 사람(표정이 어둡거나 비판적이거나 공격적인 언행을 하는 사람)이 있다면 가능한 거리를 두고 공감하려 애쓰지 말아야 한다. 또는 그 사람이 무슨 생각을 하는지 상상하려 하지 말자. 그래도 부정적인 감각이 쉽게 사라지지 않을 때는 85쪽에 소개한 '불안을 글로 쓰는 방법'을 시험 삼아 해 보기 바란다.

How to
UNTHINK

부정적인 감정은
타인에게 전염되는 속도가 빠르다.

말의 영향력

긍정적인 말은 고통과
통증을 완화시킨다

워싱턴대University of Washington
키스 A. 더튼Dutton, K. A.과
조나단 D. 브라운Brown, J. D.

워싱턴대University of Washington의 키스 A. 더튼Dutton, K. A.과 조나단 D. 브라운Brown, J. D. 연구진이 실시한 실험을 소개해 보겠다. 실험 참가자들에게 세 단어를 보여 준 다음 이 단어들을 유추해 네 번째 단어가 무엇인지 맞혀 보게 하는 실험이었다.

그 전에 참가자들에게 자신이 얼마나 많은 문제를 풀 수 있을지, 다른 참가자와 비교해 자신의 능력은 어떨지 등 설문조사를 했다. 실험을 마친 뒤에는 자기 평가에 관한 설문조사도 실시했다.

그 결과 자기 평가가 높은 사람일수록 쉽게 기가 죽지 않는 걸 알아냈다. 정확하게 말하자면 자기 평가가 높은 사람일수록 정답을 맞혔을 때 '내가 능력이 있으니까'라고 생각하고, 정답을 맞히지 못 했을 때는 '문제가 나랑 잘 맞지 않아서'라고 생각하며 자신의 능력을 탓하지 않은 것이다. 한편 자기 평가가 낮은 사람은 오답을 냈을 때 '난 능력이 없으니까'라고 생각하며 기가 죽는 경향을 보였다. 즉, 주어진 능력은 차치하고 "나는 할 수 있어!"라고 말하는 낙관적인 사람은 매사를 긍정적으로 생각한다는 이야기이다.

서던덴마크대University of Southern Denmark의 헨리크 비아크 벡터Vaegter, H. B. 연구진이 2020년 5월에 발표한 연구에는 긍정적인 말은 고통이나 힘든 일에 강한 내성을 갖게 해준다고 나와 있다. 이 실험은 참가자들을 세 그룹으로 나눠 진행했다.

긍정적인 말로 실험 내용을 설명하는 Ⓐ그룹
부정적인 말로 실험 내용을 설명하는 Ⓑ그룹
중립적인 말로 실험 내용을 설명하는 Ⓒ그룹

실험을 하기 전에는 참가자들에게 스쿼트처럼 근육을 쓰는 운동을 하게 했다. 그 결과 Ⓐ그룹은 대퇴근(넓적다리 근육)의 내성이 22% 향상된 반면 Ⓑ그룹은 내성이 4% 떨어진 데다 심한 근육

통도 생겼다. 부정적인 말은 마음을 약하게 만들뿐 아니라 몸과 통증 감각에도 영향을 미치는 것이다.

긍정적인 사고나 표현이 생각만큼 잘 되지 않더라도 최소한 부정적인 언어는 쓰지 않도록 노력하자. '난 못 해', '나 같은 게 뭐…'라는 자학적인 말 대신 가능한 긍정적인 표현과 긍정적인 사고로 바꿔나가자.

〈긍정 표현〉

· 못 해 → ~라면 할 수 있어

· 어려워 → 보람 있어

· 바쁘다 → 알차게 보내고 있어

· 피곤하다 → 열심히 일했다

· 시끄럽다 → 활기 있다, 생기 있다

How to
UNTHINK

가능한 낙관적인 말을 골라 써서
뇌가 불안을 느끼지 않게 하자.

웃음의 효과 I

웃음은 생명력도 높여 준다

워릭대University of Warwick
앤드류 오스왈드Oswald, A. J. 연구진

여러분은 요즘 자주 웃으며 지내는가? 미소와 마찬가지로 웃음에도 좋은 효과가 많다는 사실이 전 세계에서 보고되고 있다. 예시로 영국 워릭대University of Warwick 앤드류 오스왈드Oswald, A. J. 연구진이 실시한 실험을 소개하겠다. 이 실험은 총 4단계로 진행됐다. 1단계 실험에서는 참가자들을 두 그룹으로 나누고 다섯 자릿수 덧셈 문제를 10분 동안 풀게 했다. 그룹은 다음과 같이 나누었다.

코미디 방송을 본 Ⓐ그룹

코미디 방송을 보지 않은 ⓑ그룹

   그 결과 코미디 방송을 본 ⓐ그룹의 정답률이 높게 나타났다.

   1단계 실험과 마찬가지로 2단계 실험에서도 코미디 방송을 두 그룹에게 보여 주고 문제를 풀게 했다. 이때는 행복감이 강한 사람일수록 정답률이 높게 나타났다.

   3단계 실험에서는 초콜릿, 과일, 음료를 받은 그룹과 받지 않은 그룹으로 나눠 문제를 풀게 했고, 그 결과 음식과 음료를 받은 그룹의 정답률이 높았다.

   4단계 실험에서는 최근 겪은 힘든 일에 대한 설문지를 작성한 그룹과 작성하지 않은 그룹으로 나누어 실험했다. 그 결과 설문지를 작성한 그룹의 오답률이 높았다.

   이 실험을 통해 '행복감이 강한 사람일수록 성적이 좋다'는 사실을 알 수 있었다. 1단계 실험에서 코미디 방송을 본 사람들의 정답률이 높았던 것은 코미디 프로그램을 보고 행복감을 느꼈기 때문이다. '행복감'은 '기분이 좋은 상태(=뇌를 기쁘게 하는 것)'이다. 웃기는 영상을 보는 것도 행복감을 높이는 하나의 방법이다.

   앞서 소개한 실험처럼 재미있는 영상을 이용한 실험이 또 있다. 미국 로마린다대Loma Linda University의 리 버크Lee Burke 연구진은 실험 참가자들에게 한 시간 분량의 재미있는 영상을 보여 주었다. 이때 영상을 보기 전과 영상을 본 후에 혈액을 채취했고 12시간 후에 한 번 더 혈액을 채취해 웃음이 신체에 어떤 영향을 미치는지 관찰했다. 그 결과 재미있는 영상을 보면 혈액 내의 다양한 성분이 긍정적 반응을 보이는 것으로 나타났다. 즉, 면역력이 향상된 것이다. 흥미로운 점은 재미있는 영상을 시청한 지 12시간이 지나도 여전히 면역력이 높게 측정된 것이다. 웃음의 효과는 지속된다는 걸 알 수 있는 대목이다.

생각해 보면 과거에도 '희극'은 있었다. 부정부패를 일삼던 관리들을 풍자한 촌극, 가면 놀이 등이 그 예시이다. 이처럼 사람들은 힘든 시절에도 웃음을 통해 스트레스를 풀면서 어려움을 잘 극복해 왔다.

요즘은 언제 어디서든 TV나 인터넷을 통해 재미있는 영상을 시청할 수 있다. 진지한 자세로 어떤 일에 집중하는 것도 중요하지만 실없이 웃는 시간도 필요하다. 스트레스가 높을 땐 잠시라도 모든 일을 잊고 한바탕 크게 웃으며 스트레스를 날리자.

뇌를 기쁘게 만들어 기분이 좋아지면
작업 능률이 저절로 좋아진다.

웃음의 효과 II

나이 든 사람은 웃을 때 아이디어가 떠오른다

모데나 레조넬 에밀리아대University of Modena and Reggio Emilia
프란체스카 탈라미Talami, F. 연구진

앞서 언급했듯이 웃음은 희극이나 코미디의 형태로 먼 옛날부터 존재한 표현의 수단이다. 여기서 웃음이 가져다주는 효과에 관한 연구를 하나 더 소개해 보겠다. 이탈리아 모데나 레조넬 에밀리아대University of Modena and Reggio Emilia의 프란체스카 탈라미Talami, F. 연구진은 fMRI(기능적 자기공명영상) 기계를 이용해 사람이 웃을 때 뇌의 활동과 혈류 등의 반응을 살펴보았다.

그 결과 사람이 웃으면 감정을 담당하는 대뇌변연계, 기억을 담당하는 해마 등과 같은 부위가 활성화될 뿐 아니라 몸을 움직일 때 활동하는 운동계도 함께 반응했다.

무엇보다 연령에 따라 활성화되는 뇌의 부위가 달라진다는 게 이 연구에서 가장 흥미로운 점이다. 젊은 사람은 뇌 중에서 '보수계'라 불리는 부위가 활발해졌다. 보수계란 기쁨·쾌감과 관련된 부위이다. 즉, '웃음=기쁨'이 되는 것이다.

그런데 나이가 들면 달라진다. 나이 든 사람이 웃으면 뇌는 디폴트 모드 네트워크Default Mode Network가 된다. 다시 말해 기억과 가치 판단 등 번뜩임으로 이어지는 부위가 더 활성화되는 것이다. 즉, 웃으면 판단이 빨라지거나 아이디어가 잘 떠오른다는 이야기이다.

웃음은 오락이나 기분 전환 측면을 넘어 실용적인 부분에서도 중요한 역할을 한다. 특히 나이가 들수록 웃음은 실용적인 일에 직결되니 아무 생각하지 말고 한 번씩 웃을 수 있는 시간을 만들면 좋다.

How to
UNTHINK

시시하거나 의미 없어 보이는 것이
때론 인생에서 중요한 역할을 한다.

신뢰의 과학

관찰력이 좋은 사람은
타인과 신뢰 관계를
잘 쌓는다

옥스퍼드대University of Oxford 노아 칼Carl, N.과
프란체스코 C. 빌라리Billari, F. C.

행복의 필수 요소인 원만한 인간관계에서 빼놓을 수 없는 것
은 신용과 신뢰이다. 영국 옥스퍼드대University of Oxford의 노아 칼
Carl, N.과 프란체스코 C. 빌라리Billari, F. C.는 다음과 같은 연구 결과
를 발표했다. '지능이 높은 사람은 타인을 잘 신용하고 그렇지 않
은 사람은 신용하지 않는 경향이 있다.'

이 연구에서는 미국의 '제너럴 소셜 서베이General Social Survey,
GSS'라는 사회조사를 토대로 참가자를 모집했다. GSS에는 응답
자의 행동과 사교성, 경제적 특징 등이 드러나 있는데 그 분포에
따라 참가자를 골고루 모집했다. 그런 다음 참가자들의 어휘력

을 평가하기 위해 지능 테스트와 인터뷰를 진행했다.

그 결과 점수가 좋은 사람일수록 타인을 잘 신용하고, 점수가 낮은 사람일수록 타인을 잘 신용하지 않는 경향이 있는 것으로 밝혀졌다. 점수가 높은 사람은 낮은 사람에 비해 타인을 신용하는 정도가 34% 높게 나타났다. 이 결과는 경제력이나 학력, 파트너의 유무 등 다른 요인과는 관련이 없었다.

이는 지적 능력이 높은 사람은 관찰력이 뛰어나 타인을 꿰뚫어 볼 수 있고, 그 능력으로 신뢰할 수 있는 사람을 고르기 때문에 타인을 의심할 필요가 없는 것으로 보았다. 한편 타인을 신용하지 못 한다면 주위에 신용할 수 없는 사람이 많거나 배신당한 경험에서 비롯된 것일 수 있다.

결과에서도 알 수 있듯이 타인을 신뢰하는 것은 높은 수준의 활동이다. 단, 신뢰 관계는 어느 한쪽이 일방적으로 마음을 연다고 해서 맺어지지 않는다. 양쪽 모두 마음을 열어야 가능하다. 심리학에서는 상대방의 마음을 잘 여는 사람을 '오프너Opener'라고 한다. 오프너는 은연중에 상대방에게 '이 사람은 좋은 사람이다'라는 느낌을 준다.

미국 서던캘리포니아대University of Southern California의 린 C. 밀러Miller, L. C. 연구진은 오프너는 상대의 감정이나 생각에 공감 능력이 있다는 특징을 들었다.

〈오프너의 특징〉

· 자신의 약점 및 강점, 성격 등 자아인식력이 뛰어나다.

· 매사 다양한 시각에서 보는 능력이 뛰어나다.

· 이야기를 하는 것보다는 다른 사람의 이야기에 귀를 기울여 잘 듣는다.

그럼 오프너가 되려면 어떻게 해야 할까? 비결은 타인의 이야기를 끝까지 듣는 것이다. 상대의 말을 끊고 자신의 이야기를 하거나 재미가 없다고 중간에 듣다 말면 안 된다. 신뢰 관계를 구축할 때는 무엇보다 상대를 이해하려는 태도가 중요하다.

타인과 사이가 나빠지는 원인 중 하나는 상대와 자신의 다른 점에서 느끼는 괴리감이다. 그런데 상대방의 생각, 행동원리를 더 깊이 이해할 수 있게 되면 보는 눈도 달라지고, '다르면 어때?'라고 생각하게 된다. 자신과 상대의 생각이나 행동원리가 다르다고 자꾸 고민하지 말고 일단은 받아들이자. 이것이 타인과 진정한 신뢰 관계를 구축하는 비결이다.

How to
UNTHINK

상대를 이해하려는 태도, 행동원리를 아는 것이
좋은 인간관계의 비결이다.

THINK
SIMPLY
06

뇌, 몸, 마음의 관계

운동과 피로의 관계

가만히 있는 게 더 피곤하다

조지아대The University of Georgia
티모시 W. 푸에츠Puetz, T. W. 연구진

과거 인류는 사냥감을 쫓거나 농사를 짓는 등 밖에서 몸을 움직이며 보내는 시간이 많았다. 그런데 많은 현대인은 이와 정반대에 가까운 생활을 하고 있다. 특히 의자에 앉아 있거나 누워서 지내는 시간이 길어졌다.

현대인의 운동량 부족에 관한 연구를 소개해 보겠다. 호주 퀸즐랜드대The University of Queensland의 네빌 오웬Owen, N. 연구진은 20~59세의 미국인은 어떻게 하루를 보내는지 조사했다. 그 결과 깨어 있는 시간의 3%는 운동(달리기, 스포츠, 근력운동 등)에, 39%는 가벼운 운동(걷기 등)에 쓰고, 나머지 58%는 무운동 상태(앉아 있기, 뒹굴기, 서 있기 등)로 보내는 것으로 나타났다.

즉, 하루의 절반 이상을 '움직이지 않는 상태'로 보내는 것이다. 여기에 자는 시간을 더하면 움직이지 않는 시간이 압도적으로 많아진다. 이렇게 가만히 있는 상태가 지속되면 뇌와 심신에 나쁜 영향을 줘 피로해지는 것으로 나타났다.

미국 위스콘신대 매디슨캠퍼스University of Wisconsin-Madison의 로라 D. 엘링슨Ellingson, L. D. 연구진은 여성을 대상으로 실험한 결과 '앉아 있는 시간이 짧은 사람일수록 활기와 활력이 있고 피로를 잘 느끼지 않는다'고 보고했다. 요컨대 어느 정도 움직이는 사람은 활동력이 있고 피로를 잘 느끼지 않는 것이다.

미국 조지아대The University of Georgia의 티모시 W. 푸에츠Puetz, T. W. 연구진은 만성 피로에 시달리는 건강한 젊은 사람들을 세 그룹으로 나눠 실험한 다음 피로감을 측정했다.

6주 동안 18회 정도 헬스클럽에서 중간 부하의 운동(러닝, 가벼운 근력 운동)을 하는 Ⓐ그룹
6주 동안 18회 정도 헬스클럽에서 가벼운 운동(조깅, 걷기)을 하는 Ⓑ그룹
운동을 전혀 하지 않는 Ⓒ그룹

그 결과 피로가 풀렸다고 느낀 그룹은 가벼운 운동을 하는 ⑧그룹이었고, 그 다음은 중간 정도 부하의 운동을 하는 Ⓐ그룹이었다. 운동을 전혀 하지 않는 ⓒ그룹은 피로가 풀리지 않은 것으로 나타났다.

이 결과에서도 알 수 있듯이 아무것도 하지 않고 가만히 있는 것은 심신에 좋지 않다. 근육이 경직되고 혈류도 원활하지 않아 결국 뇌도 피로를 느끼게 된다.

나도 젊을 때는 연구실에 틀어박혀 잠 잘 때를 제외하고는 의자에 앉아만 지내던 시기가 있었다. 당시에는 항상 만성피로에 시달렸다. 머리도 항상 멍했는데 지금 생각해 보면 투자한 시간에 비해 일의 능률이 오르지 않은 것 같다.

그때의 나와 비슷한 상황에 있는 사람이 많을 것이다. 할 일은 태산인데 일은 잘 진행되지 않고, 몸과 마음에 긴장감이 감도는 것 같다면 몸을 움직이는 습관을 들이기 바란다. 꼭 근력 운동이나 러닝이 아니라도 좋다. 가벼운 스트레칭만으로도 충분하다. 스트레칭에는 앞으로 구부리기나 다리 벌리기처럼 반동을 이용하지 않는 정적인 스트레칭과 국민체조처럼 탄력이나 반동을 이용해 움직이면서 하는 동적인 스트레칭이 있다.

일본 메이지야스다明治安田후생사업단 체력의학연구소의 스도 미즈키須藤 みず紀 연구진은 정적인 스트레칭을 30분 정도 하면 눈

꽂
꽂
이

허리가 펴진다.

의자에 앉아서 할 수 있는 정적인 스트레칭

을 사용하는 작업의 퍼포먼스가 향상되고 불안감이 감소해 기분이 긍정적으로 변한다는 연구 결과를 발표했다.

고양이는 자고 일어나면 몸을 길게 쭉 늘여 크게 기지개를 켠다. 이는 자는 동안 뻣뻣해진 몸을 원상태로 되돌리기 위한 행동이라고 한다. 뇌와 심신의 피로 회복을 위해서는 혈액순환이 잘되는 것이 중요하다. 그런 의미에서 몸의 뭉친 부분을 풀어 주는 정적인 스트레칭은 확실히 효과가 있다.

예를 들어 90분 정도 앉아 있기만 했다면 잠시 휴식을 취하면서 몸을 가볍게 쭉 펴는 등 몸에 집중하는 시간을 갖는 것이 좋다. 참고로 최근에는 운동 전에 정적인 스트레칭을 하면 퍼포먼스가 떨어진다는 연구 결과가 발표된 적이 있다. 운동 전에는 정적인 스트레칭보다 동적인 스트레칭을 해 보자.

6장에서는 뇌와 정신과 몸의 관계, 그리고 건강과 행복의 관련성을 살펴본다.

How to
UNTHINK

몸을 움직이지 않으면 더 피곤해진다.
오랜 시간 움직이지 않았다면 스트레칭을 해 보자.

습관과 의욕

헬스클럽에 다니면서 생긴
여덟 가지 극적인 변화

매쿼리대Macquarie University
메건 오튼Oaten, M.과 켄 청Cheng, K.

세상에는 한 번 마음 먹은 좋은 생활 습관을 잘 지키며 척척 해내는 사람도 있지만 좀처럼 지키지 못 하는 사람도 있다. 아마도 많은 사람이 좋은 생활 습관을 들이지 못 해 고민하고 있을 것이다.

그런 사람들에게 희소식이 될 만한 연구가 있다. 호주 매쿼리대Macquarie University의 메건 오튼Oaten, M.과 켄 청Cheng, K.이 실시한 연구이다. 이 실험은 운동 부족인 남녀를 대상으로 진행됐다. 먼저 남녀 모두 아무것도 하지 않은 채 두 달을 지내게 했다. 요컨대 평소대로 생활하게 한 것이다. 그 후 두 달 동안 헬스클럽에 다니게 했다.

총 네 달 동안 참가자들의 스트레스 수준, 정신적 고통, 자기
효능감(=스스로 할 수 있다고 느끼는 감각), 기타 평소의 습관이 어
떻게 변했는지 살펴보니 다음과 같았다.

· 스트레스 감소
· 담배나 알코올, 카페인 섭취량 감소
· 감정 조절이 가능해짐
· 집안일을 자발적으로 함
· 약속을 지키게 됨
· 건강한 식생활을 하게 됨
· 낭비가 줄어듦
· 학습 습관이 좋아짐

이 외에도 다양한 효과가 나타났다. 정말 대단하지 않은가?
운동 하나로 자연스럽게 건강하고 규칙적이며 절제된 생활을 하
게 된 것이다.

평소 운동 부족이었던 참가자들이 생활 환경을 크게 바꾼 게
좋은 자극이 돼서 이런 결과가 나온 것으로 판단된다. 운동을 했
더니 체중이 준 것처럼 운동을 한 효과가 즉각적으로 나타나면

쾌감을 느낄 뿐 아니라 의욕과 자아상도 높아지기 때문에 자연스럽게 생활 습관까지 바뀌게 됐을 것이다.

이 방법은 성격상 자잘한 습관을 꾸준히 실행하는 게 성에 차지 않는 사람이나 행동력이 떨어져 쉽게 시작하지 못 하는 사람들에게 추천한다.

큰맘 먹고 헬스클럽을 끊어 보자. 돈이 들었기 때문에 아까워서라도 다니게 될 것이다.

어차피 꾸준히 다니지 않을 게 뻔해서 시작도 하지 않는다면, 짧게라도 괜찮으니 일단 두 달만이라도 운동을 해 보자. 이 실험처럼 극적으로 습관이 바뀔 가능성은 충분하다.

단, 갑자기 너무 무리해서 몸살이 나거나 다치면 아무것도 못하게 될 수 있으니 무리가 되지 않는 선에서 하기 바란다.

How to
UNTHINK

큰맘 먹고 환경을 바꾸면
습관이 확 바뀌는 경우도 있다.

정신과 육체

병은 마음에서 온다는
과학적 근거

베이징대北京大学 일루 왕Wang, Y. 연구진

'병은 마음에서 온다'는 말이 있다. 이는 단순한 정신론이 아니라 사실임이 연구를 통해 밝혀졌다. 중국 베이징대北京大学 일루 왕Wang, Y. 연구진은 다른 사람을 위해 이타적인 행동을 할 때는 뇌의 복내측 전두전야가 활성화돼 불쾌한 통증을 느끼지 않게 된다고 보고했다.

이를 확인하기 위해 몇 가지 실험을 실시했는데 이타적인 행동을 하는 모든 사람은 통증을 느끼지 않는다는 결론에 다다랐다. 자세히 말하자면 어깨 결림이나 요통 같은 경도의 통증뿐 아니라 상처나 질병 등으로 인한 통증에도 효과가 있고, 암 환자 역시 만성 통증을 느끼지 않게 됐다고 한다.

어떻게 이런 일이 일어나는 것일까? '이타적 행동'이란 자신은 돌보지 않고 남을 위해 헌신하는 상태를 말한다. 역사 속 위인 중한 명인 나이팅게일은 크림전쟁에 종군했을 때 자신의 몸은 돌보지 않고 밤낮으로 부상당한 병사들을 돌보았다. 이런 헌신적인 모습에 사람들은 그녀를 '백의의 천사'라 불렀다.

우리 주변에서도 아이가 아프면 자신의 건강은 뒤로하고 성심껏 아이를 간병하는 부모님이 있다. 이렇게 대가를 바라지 않고 오로지 그 사람만을 위한 이타적 행동을 할 때는 통증을 느끼지 않는다고 한다.

뇌의 메커니즘에서 보면 누군가를 위해 필사적인 순간에는 의식이 불안한 감정이나 통증으로 가지 않는다고 한다. '병은 마음에서 온다'는 옛 말처럼 정신이 한 방향으로 향해 있으면 컨디션이나 몸의 감각이 크게 달라지는 것으로 보인다.

심리학에서도 비슷한 이론이 있다. 심리학계의 대가 알프레드 아들러Alfred Adler는 이런 말을 남겼다. 사람은 패배로부터 도망치기 위해 때로는 스스로 병에 걸린다. '아프지 않았다면 할 수 있었을 텐데…'라는 핑계를 대고 안전지대로 피신해 안도한다. 이를 '인지적 부조화이론'이라고 하는데, 사람은 자신의 행동이나 존재를 정당화하기 위해 이유를 댄다고 알려져 있다. 예를 들어 업무상 실수를 저질렀다고 치자. 이때 '내 실수를 인정하면 사람들한테 무시당할 거야(무능력한 사람으로 취급 받는 건 두려워)'라고 무의식적으로 생각하면 자신의 실수를 인정하지 못 하고 남 탓으로 돌리거나 실수할 수밖에 없다는 핑계를 대게 되는데, 그 핑계의 일환으로 병도 마다하지 않는다는 것이다.

'나 지금 이렇게 아프잖아. 그래서 못 한 거야'라고 핑계를 대면 실제로 그 병에 걸리는 경우도 있다. 아픈데 통증을 느끼지 못 하는 것도 상상한 병에 걸리는 것도 평소 의식의 흐름이나 생활 속에서 생긴 뇌의 버릇에 좌우된다는 이야기이다.

앞서 언급한 나이팅게일은 종군 중에 중증의 심장병을 앓았다. 마흔 무렵에는 침대 위에서 내려오는 것조차 어려웠지만, 그럼에도 90세까지 현역 간호사로 활동했다. 의식의 흐름을 어떻게 다잡느냐에 따라 건강과 컨디션이 크게 달라진다. 그만큼 뇌와 심신은 매우 밀접하게 연결돼 있는 것이다.

How to
UNTHINK

강한 집중력과 긍정적인 태도는
질병과 통증을 날려 버리는 힘이 있다.

마음의 허용량

'당연히 이래야지'라고 생각하는 사람은 병에 걸리기 쉽다

바르셀로나대University of Barcelona
기엠 페이샤스Feixas, G. 연구진

현대인의 다섯 명 중 한 명은 우울증이나 조현병Schizophrenia(정신분열증—옮긴이)과 같은 정신질환을 앓고 있다. 이 병이 생기는 데에는 많은 요인이 있을 텐데 그중 하나를 '불안에 의해 생각이 많아지는 것'으로 보고 있다.

그럼 구체적으로 어떤 생각이 마음의 병을 유발하는 것일까? 스페인 바르셀로나대University of Barcelona의 기엠 페이샤스Feixas, G. 연구진은 우울증을 앓고 있는 161명과 건강한 사람 110명을 대상으로 각 그룹 사람들의 사고 차이와 그 요인을 조사했다. 그 결과 우울증을 앓고 있는 그룹이 건강한 그룹보다 '갈등'을 품고 있는 사람의 비율이 더 높다는 것을 알아냈다. 갈등이란 쉽게 말해 '현실과 이상 사이의 괴리감'을 뜻한다. 건강한 그룹의 경우 34.5%가 갈등을 품고 있는 반면 우울증을 앓고 있는 그룹은 68.3%로 건강한 그룹의 두 배 이상에 달하는 사람이 갈등을 품고 있었다.

이뿐 아니라 우울증을 앓고 있는 그룹 중 갈등을 품고 있는 사람의 86%는 자살을 시도한 경험이 있었다.

연구진은 이상과 현실에서 오는 차이가 정신 상태에 큰 영향을 미친다고 보고했다. 사람은 누구나 바람이 있다. 다만 '이랬으면 좋겠다', '이렇게 돼야 돼'와 같은 생각은 성장 배경에서 비롯되는 경우가 많아 스스로 왜 그런 바람을 갖게 됐는지, 자신이 어떤 바람을 갖고 있는지 모를 수도 있다.

아무튼 이상과 현실에서 오는 괴리감은 불안의 크기를 알려주는 일종의 '바로미터(사물의 수준이나 상태를 아는 기준이 되는 것-옮긴이)'가 되기도 한다. 무슨 이야기냐 하면 마음속에 품고 있는 불안이 클수록 바람도 함께 커지는데 이 때문에 이상과 현실 사이에서 큰 괴리감을 느낀다는 것이다. 괴리감이 커질수록 부정적인 감정이나 생각에 더욱더 지배되기 쉽다.

여러분은 평소 스스로나 타인에게 '~해야 돼', '~여야 돼'라는 말을 자주 하고 있지 않은가? '~해야 한다'는 말은 이상적인 기준을 마음속에 품고 있다는 방증으로 이런 말을 자주 쓴다면 주의가 필요하다.

불안이 커지면 '자동적 사고Automatic Thinking'라는 착각에서 비롯된 상상을 하는 경우도 있다. 예를 들어 타인과 사소한 말다툼이 있을 때 '나는 잘 지내는 사람이 한 명도 없어'라고 생각하거나, '내 톡에 답장해 주는 사람이 하나도 없네. 난 왕따야'라는 식으로 사실을 확대 해석하고 상상 속에 갇혀 세상을 바라보게 된다.

이럴 때는 어떻게 하면 좋을까? 일단 사실을 있는 그대로 받아들이고 '그렇군' 하며 편하게 생각해야 한다. 우리는 곤란한 상황에 놓이게 되면 환경이나 타인을 바꾸려고 하는데 나 아닌 바깥세상을 바꾸는 일은 매우 어렵다. 바뀌지 않는 것을 바꾸려고 하면 내 시간과 에너지만 낭비하게 된다. 그래서 자신의 생각을 바꾸는 것이 훨씬 쉽고 현실적이다.

불안의 메커니즘이나 대처 방법을 모르면 불안은 점점 더 커지게 되고, 어떤 일을 할 때 두려워하거나 거절하거나 공격적이게 된다. 하지만 뇌는 우수하다. '그렇군. 이런 이유로 마음의 변화가 생겨나는 거구나' 하고 이해하면 어느 정도 객관적인 시선으로 사물을 바라볼 수 있게 된다. 이성을 담당하는 뇌를 활성화시켜 감정을 담당하는 뇌를 조절하는 것이다.

이렇게 하면 마음의 허용량이 늘어난다. 자신의 스트레스 상태도 파악할 수 있어 필요 이상으로 생각하는 시간도 줄어든다. 이상과 기준을 버리는 것은 쉽지 않으니 먼저 '그런 거구나'라며 받아들이는 것부터 시작해 보자.

이는 세상뿐 아니라 타인과 자신에 대해서도 마찬가지이다. 서로의 차이, 행동원리와 메커니즘의 차이를 인정하면 용서하지 못 할 일은 줄어든다.

How to
UNTHINK

메커니즘을 알면 불안의 허용량도 늘어난다.

행복 추구

다양하고 복잡한 감정을
경험하는 것이 정신에 좋다

폼페우파브라대Pompeu Fabra University
조르디 쿠아드박Quoidbach, J. 연구진

사람은 불안이라는 감정이 있기 때문에 행복이나 쾌적함, 상
쾌함을 추구하게 된다. 그럼 매일 행복한 일만 있는 사람은 진짜
행복할까?

스페인의 폼페우파브라대Pompeu Fabra University 조르디 쿠아드
박Quoidbach, J. 연구진은 37,000명을 대상으로 행복과 감정에 관한
조사를 실시했다. 이 조사에서는 기쁨, 경외로움, 희망, 감사,
사랑, 자존심 등 아홉 가지의 긍정적인 감정과 분노, 슬픔, 두려
움, 혐오, 죄악감, 불안 등 아홉 가지의 부정적인 감정을 각각 얼
마나 경험하는지 묻고, 경험한 감정과 현재의 행복감 등을 비교

분석했다.

그 결과 다양한 감정을 느끼는 사람이 정신적으로도 건강하고 행복도 또한 높은 것으로 나타났다. 즉, 편하거나 기쁜 일만 경험하는 것이 행복은 아니라는 이야기이다. 연구진은 '다양한 경험을 통해 다양한 감정을 느끼면서 있는 그대로를 받아들이는 것이 진정한 행복이다'라고 보고했다.

비틀스의 명곡 〈Let It Be〉는 '있는 그대로'라고 번역할 수 있다. 지금 여기에 없는 어떤 것을 바라지 말고 사실이나 감정을 '있는 그대로' 받아들이면 행복의 본질적인 의미를 찾을 수 있다는 메시지를 담고 있는 건 아닐까?

매일매일 즐겁고 편하기만 하면 감각들은 마비가 된다. 긴 휴가도 처음에는 즐겁지만 너무 길어지면 무감각해지고 피로감이 생기는 것처럼 말이다. 우리는 평소 큰 슬픔이나 억울한 감정을 경험하기에 기쁜 일이 생기면 감동을 배로 느끼게 된다. 마찬가지로 회사에서 힘든 일을 겪다가 이상적인 환경을 만나면 감사한 마음도 커지게 된다.

노벨경제학상을 수상한 심리학자 다니엘 카네만^{Daniel Kahneman}도 비슷한 지적을 했다. 카네만은 행복에는 '만족감', '성격적 특징', '감정', '감동과 흥분'이라는 네 가지 카테고리가 있고, 단순한 기준은 존재하지 않는다고 말했다. 또한 기쁨을 추구하려는 일은 일시적으로 나를 행복하게 만들 수 있지만 행복감을 오랫동안 유지하는 데는 효과가 없다고 강조했다.

행복은 복합적인 요인으로 이루어져 있다. 그래서 '이걸 하면 행복해질 거야'라고 생각하는 행동을 하더라도 행복해지는 것이 아니다. 예를 들어 돈, 취미, 인간관계 같은 것으로 행복감을 채우려는 것은 한 순간의 도피에 지나지 않는다. '내가 최고라서 행복해', '누구 아래라서 불행해'라는 상대적인 행복도 본질이 아니다. 이는 어디까지나 삶을 살면서 생긴 자신만의 척도이다. 그런 의미로 타인과 비교하는 게 아니라 자신의 내면(감정, 성격, 욕구, 습관 등)을 다양한 각도에서 관찰하는 것이 중요하다고 할 수 있다.

기쁨과 쾌락을 추구해도 행복해지지 않는다.
'Let It Be'라는 자세가 중요하다.

THINK
SIMPLY
07

RESET & GO!

효과적인 기분 전환

커피보다
계단 오르기

조지아대The University of Georgia
데릭 D. 랜돌프Randolph, D. D. 연구진

드디어 마지막 장이다. 이 장의 주제는 리셋이다. 과열된 머리와 마음, 스트레스나 피로를 회복시켜 퍼포먼스를 높이는 방법을 설명한다. 평소에 쉽게 할 수 있는 것만 엄선했으니 부디 가벼운 마음으로 시도해 보기 바란다.

먼저 커피 브레이크에 관한 연구를 소개한다. 장시간 일이나 공부를 하면 피곤함에 집중이 안 될 때가 있다. 이럴 때 여러분은 어떻게 하는가? 커피나 차를 마시거나 흡연자라면 담배 한 대를 피우지 않을까. 이와 관련된 흥미로운 연구가 있다.

조지아대The University of Georgia의 데릭 D. 랜돌프Randolph, D. D. 연

구진은 학술지 〈생리학과 행동Physiology and Behavior〉에 '커피를 마시는 것보다 10분 동안 계단을 오르내리는 것이 졸음을 쫓는 데 효과적이며 활력도 되찾을 수 있다'고 보고했다.

이 실험에 참가한 사람들은 매일 평균 수면 시간이 6시간 반 정도이고 카페인을 섭취하는 여자 대학생들이었다. 참가자들에게는 일반적인 사무실에서 일한다는 설정을 주고, 하루 종일 PC 앞에 앉아 언어능력과 인지능력을 필요로 하는 작업을 하게 했다.

이 작업 중에 참가자들에게는 각각 다음과 같은 세 가지 패턴의 행동을 하게 했다(시간을 두고 각각 다른 날 실시). 세 가지 중 어느 것이 가장 효과가 있는지 알아보는 실험이었다.

① 카페인을 섭취한다.
② 플라세보(카페인이라고 했지만 실은 다른 음료)를 섭취한다.
③ 10분 동안 계단을 오르내린다.

그 결과 가장 작업 효율과 의욕이 높았던 것은 ③10분 동안 계단을 오르내린 경우였다. 커피 한 잔에는 대략 50mg의 카페인이 들어 있는데 이 카페인보다 운동이 더 효과적인 것이다. 그뿐 아니라 카페인 효과는 플라세보를 섭취했을 때와 별반 차이가 없었다.

물론 플라세보라고 해서 전혀 효과가 없는 것도 아니다. 하지만 일할 때만큼은(즉각적인 효과라는 측면에서) 물리적으로 조금 움직이는 편이 활력을 되찾는 데 훨씬 효과가 크다는 이야기이다. 꼭 계단이 아니더라도 쉬는 시간에 직장이나 집 주변을 빠른 걸음으로 산책하는 것도 좋다.

106쪽에서 강조했듯이 특히 생각할 일이 있을 때 걷거나 움직이면 뇌가 활성화되니 꼭 실천해 보기 바란다.

How to
UNTHINK

작업의 의욕이나 효율을 높이려면
약간의 운동이 가장 좋다.

삼림욕 효과

일단 숲으로 가라!

미시간대University of Michigan
메리 캐럴 헌터Hunter, M. R. 연구진

'삼림욕'이라는 단어가 존재하는 걸 보면 자연을 접한 사람들 중에 좋은 효과를 본 사람들이 많다는 이야기일 텐데 실제로는 얼마나 효과가 있을까?

미시간대University of Michigan 메리 캐럴 헌터Hunter, M. R. 연구진은 2019년 '자연이 주는 효과'에 대한 연구 결과를 발표했다.

헌터 연구진은 도시 생활을 하는 사람들을 대상으로 8주 동안 일주일에 적어도 세 번, 10분 이상 자연을 접하도록 했다. 실험을 하는 동안에는 스트레스를 체크하기 위해 네 번 타액을 채취했다.

그 결과 가장 효과가 컸던 것은 한 번에 20~30분간 자연을 접했을 때였다. 이 순간은 스트레스를 느낄 때 발생하는 '코르티솔'이라는 호르몬 수치가 평상시와 비교했을 때보다 28.1%나 낮았다. 30분이 경과하자 스트레스 수치는 다소 느리게 떨어졌다.

한편 실험 참가자들에게는 자연을 느낄 수 있는 장소를 정해 주지 않고 각자 고른 장소에서 시간을 보내게 했다. 큰 공원이 아니더라도 상관없었다. 그 결과 녹음이 있는 곳, 스스로 '여기가 자연이다'라고 느끼는 장소라면 스트레스가 떨어지는 효과가 나타났다.

이와 관련된 큰 규모의 연구를 소개하겠다. 영국의 엑서터대 University of Exeter의 매튜 P. 화이트White, M. P. 연구진은 약 2만 명을 대상으로 실험을 실시했다. 보고에 따르면 '일주일에 120분 이상 자연을 접한 사람은 심신이 건강한 상태였다'고 한다. 심신이 건강한 상태는 3~5시간 정도가 상한이라고 한다.

참고로 나는 몇 년 전 일 때문에 2년 정도 하와이에서 생활한 적이 있다. 책상에 앉아 일하다 피곤해지면 바다에 나가 서핑을 하거나 아무 생각 없이 바다에 둥둥 떠 있곤 했는데 돌이켜 보면 확실히 스트레스를 느끼는 시간이 크게 줄었다.

바쁘게 지내면 잠시 쉬는 시간을 잊을 수 있다. 하지만 '아, 피곤하다', '머리가 안 돌아가네'라고 생각이 들 때는 자연이 있는

곳으로 발걸음을 옮겨 보자. 즉흥적으로 자연을 만나러 가는 것
도 좋다.

맑은 날 파란 하늘을 올려다보는 것만으로 긴장을 완화시킬
수 있다는 연구도 있으니 꼭 실천하기 바란다.

How to
UNTHINK

때로는 정처 없이 자연의 품에 안겨 보자.
스트레스가 확 줄어들 것이다.

휴식의 효과

질 좋은 수면은 하루의
스트레스를 날릴 수 있다

보스턴대Boston University
니나 E. 풀츠Fultz N. E. 연구진

스트레스가 몸에 좋지 않다는 것은 누구나 안다. 하지만 원인 제공자가 있거나 어떻게든 스트레스를 견뎌야 하는 시기도 있다. 그럴 때일수록 스스로 마음을 컨트롤할 수 있는 시간을 가져야 한다. 이 시간은 혼자 있을 때와 잠을 잘 때이다.

현대인의 평균 수면 시간은 짧은 편이다. 단지 짧기만 하면 그나마 다행이다. 대부분은 스마트폰을 보거나 PC를 하다 잠들게 된다. 그러면 교감신경이 활발한 상태로 잠들게 되고, 수면의 질이 나빠질 수 있다. 수면은 몸을 쉬게 하고 기억을 정착시키는 데 매우 중요한 역할을 하므로 질 좋은 수면을 충분히 취해야 한다.

이와 관련된 연구를 소개한다. 2017년 홋카이도대北海道大学의 무라카미 마사아키村上 正晃 연구진은 스트레스가 얼마나 무서운지에 관해 매우 중요한 의의를 갖는 실험을 실시했다. 자세히 말하자면 쥐를 이용해 스트레스로 위장병이나 돌연사를 일으키는 메커니즘을 분자 수준에서 밝혀낸 것이다.

연구진은 쥐에게 스트레스를 주기 위해 수면 부족 상태로 만들거나 바닥을 적셨다. 그런 다음 뇌와 척수 등에 경화가 발생하는 '다발성 경화증'이라는 질병과 스트레스와의 관계를 관찰했다. 쥐는 다음과 같이 그룹을 나눠 실험했다.

스트레스만 준 Ⓐ그룹
스트레스는 주지 않고 다발성 경화증 면역세포만 주입한 Ⓑ그룹
스트레스도 주고 다발성 경화증 면역세포도 주입한 Ⓒ그룹

그 결과 스트레스만 준 Ⓐ그룹과 다발성 경화증 면역세포만 주입한 Ⓑ그룹에는 특별한 변화가 없었다. 그러나 스트레스도 주고 다발성 경화증 면역세포도 주입한 Ⓒ그룹의 70%가 일주일 만에 돌연사했다. 즉, 염증을 일으키는 병원성 면역세포가 혈중에 있을 때 스트레스를 받으면 질병을 일으킨다는 사실을 밝혀낸 것이다.

높은 스트레스는 심각한 질병을 일으키는 계기가 될 수 있다. 스트레스가 많은 생활이 심신을 얼마나 망가뜨리는지 잘 알 수 있는 결과이다.

물론 현실적으로 일이나 대인관계 등에서 받는 스트레스는 컨트롤이 잘 안 될 수도 있지만 식사와 수면은 스스로 컨트롤할 수 있다. 특히 수면은 뇌 건강을 고려하는 차원에서도 중요하다고 알려져 있다.

미국 보스턴대Boston University의 니나 E. 풀츠Fultz N. E. 연구진은 수면(특히 비렘수면) 중에는 뇌척수액의 순환 속도가 3.5배 빨라지고, 이로 인해 뇌 속 불필요한 물질을 깨끗하게 씻어낼 수 있다고 한다.

즉, 질 좋은 수면을 취할수록 스트레스 물질 등이 깨끗하게 제거돼 다음 날 아침 상쾌하게 눈을 뜰 수 있다는 것이다. 그러니 자기 직전에 스마트폰을 만지거나 TV를 보며 교감신경을 자극하지 말고 스트레칭을 하며 몸의 긴장을 푸는 것이 좋다.

생각을 잘 하기 위해서는 잘 쉬는 것도 중요하다. 부디 최대한 잘 쉴 수 있는 환경을 만들기 바란다.

하루 동안 쌓인 스트레스를 날려 주는 것은 수면!
주거 환경이나 잠들기 전 습관이 중요하다.

양치질의 효과

휴식 중 양치질은
능률을 향상시킨다

치바대千葉大学 사다치 히데토시左達 秀敏 연구진

앞서 기분 전환하는 방법이 다양하다고 했는데 이와 관련된 연구를 소개한다. 일본 치바대千葉大学의 사다치 히데토시左達 秀敏 연구진은 '양치질은 기분 전환에 효과가 있다'고 발표했다. 실험에서는 참가자들에게 20분 동안 PC 작업을 하게 한 뒤 다음과 같이 그룹을 나누어 양치질의 효과를 관찰했다.

양치질을 하는 Ⓐ그룹
양치질을 하지 않는 Ⓑ그룹

그 결과 양치질을 하는 Ⓐ그룹은 대뇌가 활성화돼 상쾌함, 집중력 향상, 머리가 개운해지는 느낌을 받았고 졸음이나 권태감은 전보다 떨어졌다. 즉, 작업 후 양치질을 하면 피곤한 뇌를 활성화시키는 데 도움이 되는 것이다. 이는 칫솔을 쥐고 움직이는 동작과 칫솔모가 입 안에 주는 적당한 감각이 뇌를 자극하기 때문인 것으로 분석된다.

양치질은 충치 예방이나 입 냄새를 줄이는 데 도움이 될 뿐 아니라 최근 늘고 있는 오연성 폐렴Aspiration Pneumonia, 세균성 심장

칫솔을 펜처럼 쥐고 부드럽게 닦자.

병 등 다양한 질병도 막을 수 있다고 한다.

점심 식사 후 나른한 시간을 틈타 기분 전환도 할 겸 질병 예
방에 좋은 양치질 습관을 들여 보기 바란다.

How to
UNTHINK

양치질로 입 안을 적당히 자극해 대뇌를 활성화시키자.
양치질 습관은 질병을 예방하는 데도 탁월하다.

외모와 의욕

내가 원하는 모습이 되면
일의 능률이 올라간다

나가사키대長崎大学 도이 히로카즈土居 裕和

가족이나 연인과 외출할 때 '그냥 대충 준비하지, 왜 이렇게 시간이 걸리는지 모르겠다', '그냥 좀 나가자!'라고 생각하는 사람도 있을 것이다. 그런데 일부 사람에게 치장은 외모의 문제가 아니라 내면과 관련 있는 것으로 밝혀졌다.

여성의 화장을 주제로 한 연구를 소개해 보겠다. 일본 나가사키대長崎大学의 도이 히로카즈土居 裕和 교수는 젊은 여성들을 대상으로 다음과 같은 사진을 보여 주고 뇌의 모습을 모니터링하는 실험을 실시했다.

① 평상시 자기 얼굴

② 마음에 들게 보정한 자기 얼굴

③ 마음에 들지 않게 보정한 자기 얼굴

그 결과 참가자들은 ③마음에 들지 않게 보정한 자기 얼굴을 봤을 때 스트레스 반응을 일으켰다. 쉽게 말해 '난 이런 얼굴이 아니야!'라며 반응을 보인 것이다.

이 연구에서는 여성들이 외모로 스트레스를 느끼는 순간은 '자신이 생각한 얼굴이 아닐 때' 즉, 자신이 생각하는 '셀프 이미지'와 다를 때라고 보고했다. 이 결과를 토대로 본다면 '여성이 화장을 하는 이유는 예뻐지기 위해서가 아닌 자신이 생각한 얼굴이고 싶다는 욕구가 강해서'라고 판단할 수 있지 않을까.

일본 도시샤대同志社大学의 요고 마사오余語 真夫 연구진은 24명의 20대 여성을 대상으로 화장에 따른 감정과 태도의 변화를 조사했다. 이 연구에 따르면 화장을 한 사람은 자존감과 자기 만족도가 높았다. 전문가에게 화장을 받았을 때는 불안감이 줄고 목소리도 높아지는 것이 관찰됐다.

두 연구 모두 외모를 치장하면 기분과 행동이 긍정적으로 변한다는 결과가 나온 것이다. 이는 성별을 떠나서 모두에게 적용된다.

복장에는 '제복 효과'도 있다. 유니폼이나 정장을 입으면 마음가짐이 달라지고, 멋있거나 귀엽다고 느끼는 옷을 입으면 의욕이 높아지는 효과도 있다.

일하기 전에 책상부터 정리하면 일할 맛이 나는 것처럼 의욕을 높이고 싶다, 업무 성과를 높이고 싶다, 사교적인 사람이 되고 싶다고 생각할 때는 외모에 신경을 써 보자. 큰 도움이 될 것이다.

화장품이나 패션에 돈과 시간을 쓰는 것은 마음과 행동 면에서 볼 때 매우 의미 있는 일이다. '외모에 뭘 그렇게 시간을 많이 들이냐?'라고 생각하는 사람들도 이 점을 이해하면 좋겠다.

남성의 외모에 관한 연구 결과도 있다. 일본 교토대京都大学의 히라마쓰 류엔平松 隆円 교수는 15명의 남성에게 매니큐어를 바르게 한 다음 어떤 감정의 변화가 있는지 관찰했다. 그 결과 매니큐어를 바른 사람은 긴장, 피로, 우울감이 줄었다. 특히 긴장 완화 면에서 큰 변화가 있었다고 한다. 외모에 따른 마음의 변화가 흥미롭지 않은가?

How to
UNTHINK

내가 바라는 모습이 되면 마음도 따라간다.

귀여움의 효과

새끼 고양이와 강아지 사진을
보면 집중력이 높아진다

히로시마대広島大学 닛토노 히로시入戸野宏

고양이나 개를 좋아하는 사람이라면 귀가 솔깃할 유니크한 실험을 소개하겠다. 일본 히로시마대広島大学의 닛토노 히로시入戸野宏 교수가 2012년에 발표한 것이다. 실험에 참여한 학생들에게 집중력이 필요한 작업을 하게 한 다음 작업 중간에 사진을 보여주고, 사진의 종류에 따라 작업 효율에 변화가 있는지 알아보는 실험이었다. 사진은 다음의 3종류였다.

① 새끼 고양이와 강아지 사진
② 다 큰 고양이와 개 사진

③ 초밥 등의 음식

그 결과 작업 효율이 오른 그룹은 딱 하나였다. 어느 그룹이라고 생각하는가? 정답은 ① 새끼 고양이와 강아지 사진을 본 그룹이었다. 이 그룹은 다른 그룹 비해 최대 44% 퍼포먼스가 향상됐다.

귀여움은 주의를 끄는 효과가 있고 이를 본 후에도 집중력에 영향을 미치는 것으로 분석됐다. 아기를 비롯해 동물의 새끼는 대부분 눈과 몸이 동글동글하게 생겼다. 이런 모양을 보고 우리는 귀엽다고 느끼는데 이런 외모에는 생물학적으로 주위의 관심을 끌어 돌보게 하는(보호하게 만드는) 기능이 있다고 한다.

귀여운 것을 본 사람은 주의가 집중되면서 의식이 맑아져 집중력과 효율이 오르는 것으로 나타났다. 어떤 일을 하다 지쳤을 때는 새끼 고양이나 강아지 사진을 보자. 힐링이 될 뿐 아니라 집중력도 회복되는 것을 느낄 수 있다.

How to
UNTHINK

귀여운 것을 보면 힐링 뿐 아니라 집중력도 좋아진다.

노래의 효과

스트레스 푸는 데 노래가
효과적이라는 과학적 근거

미시간대학교University of Michigan
제이슨 R. 킬러Keeler, J. R.

여러분은 노래 부르는 것을 좋아하는가? 틈만 나면 "노래방 가자!"라고 말하는 사람들도 있는데 노래를 부르는 것이 스트레스를 억제하는 데 효과가 있다는 연구가 보고됐다.

미국 미시간대University of Michigan의 제이슨 R. 킬러Keeler, J. R.는 4명씩 한 그룹으로 묶어 노래를 부르게 한 다음 뇌 속 물질의 양을 관찰했다. 참가자는 두 그룹으로 나눠 진행했다.

즉흥곡을 만들어 부르는 Ⓐ그룹
기존에 발표된 곡을 부르는 Ⓑ그룹

호흡이 순환하게 된다.

그 결과 두 그룹 모두 '부신피질자극호르몬'이라는 코르티솔 분비와 관련이 깊은 물질이 저하됐다. 코르티솔은 스트레스를 느낄 때 분비되는 호르몬으로 흥분과 관련이 있다. 즉, 노래를 부르면 스트레스나 흥분을 억제할 수 있다는 결과가 나온 것이다. 그룹별로는 즉흥곡을 부르는 Ⓐ그룹보다 기존에 발표된 곡을 부르는 Ⓑ그룹에서 효과가 더 컸다.

그리고 큰 소리로 노래할수록 코르티솔은 떨어지고 행복 호르몬이라 불리는 '옥시토신'은 증가한 것으로 나타났다. 스트레스를 억제할 뿐 아니라 행복감도 높아지는 것이다. 노래를 잘 못하는 사람들은 크게 소리를 지르는 것만으로도 효과가 있다.

답답하거나 어떤 일에 집중하느라 머리가 피곤해졌을 때는 큰 소리로 마음껏 노래를 부르자. 속이 후련해질 것이다. 코인 노래방도 있으니 남 신경 쓰지 말고 혼자서라도 노래를 불러 보기 바란다.

참고로 목소리가 잘 나오지 않을 때는 물이 든 컵에 굵은 빨대를 꽂은 다음 빨대를 입에 물고 '아', '우' 하고 소리를 내면서 보글보글 물에 거품을 만들어 보자. 보컬 트레이닝에도 쓰는 방법인데 2~3분만 해도 호흡이 순환해 자연스럽게 배에서 소리가 나오게 되고 평소 올라가지 않던 고음도 가능해진다.

또한 이 방법을 쓰면 큰 소리를 내도 음이 잘 새지 않아 이웃에게 폐를 끼칠 일도 없으니 마음껏 크게 소리 내 보자. 중요한 회의를 앞두고 있거나 사람을 만나기 전에 해도 좋다.

How to
UNTHINK

체면 신경 쓰지 말고 노래를 부르자.

현대 사회에서는 심사숙고하는 걸 좋은 것으로 여긴다. 물론 여기에 이의를 제기할 생각은 없다. 그러나 현명하게 생각하려다 어깨에 힘이 너무 들어가는 경우도 많을 것이다. 조금 몸에서 힘을 빼도 좋지 않을까 하는 생각에 이 책을 쓰게 됐다.

사고와 불안이 지나치면 주위 환경이나 사람들에게 분노를 느끼고 공격적이게 될 때도 있다. 그러나 이 책에서도 언급했듯 타인을 공격하면 결국 자신에게도 상처가 남는다.

적은 내 안에 있다.

모든 사고와 감정을 만들어 내는 것은 다름 아닌 자기 자신이다. 원래 사람은 좋은 쪽이든 나쁜 쪽이든 스스로 길을 선택할 수 있다. 나쁜 길로 가지 않으려면 부정적이 되는 원인과 메커니즘에 대해 알아야 한다. 사고와 마음을 진정시키는 방법을 알고 나면 자신뿐만 아니라 타인에게도 가장 좋은 최적의 행동을 취할 수 있게 된다.

미국 트리니티대Trinity University의 해리 M. 월리스Wallace, H. M. 연구진은 '사람에게 위해를 가한 사람(가해자)이 피해자에게 죄를 용서받지 못 할 경우 86%의 확률로 같은 피해자에게 위해를 가하는 선택을 한다'는 연구 결과를 발표했다. 반면 피해자가 가해자를 용서한 경우에는 가해자는 공격하지 않게 되고 더 나아가 자신의 행동에 대해 후회와 반성을 하는 경향을 보였다고 보고했다.

내가 변하면 주위가 변한다는 말처럼 자신의 사고와 감정이 안정되면 환경이 바뀌기 시작한다. '생각을 많이 하지 않는 것'을 계기로 우리가 인생에서 더 좋은 선택을 할 수 있기를 바란다.

마지막으로 이 책을 위해 협력해 주신 분들께 이 자리를 빌어 감사의 마음을 전한다.

참 고 문 헌

Analytis, P. P., Barkoczi, D., and Herzog, S. M. (2018). Social learning strategies for matters of taste. Nature. *Human Behavior*, 2, 415-424.

Andersen, S. M., Spielman, L. A., and Bargh, J. A. (1992). Future-Event Schemas and Certainty About the Future: Automaticity in Depressives' Future-Event Predictions. *Journal of Personality and Social Psychology*, 63(5), 711-723.

Anderson, M. C., Bjork, R. A., and Bjork, E. L. (1994). Remembering can cause forgetting: Retrieval dynamics in long-term memory.

Journal of Experimental Psychology: Learning, Memory, and Cognition, 20, 1063-1087.

Andrade, J. (2009). What does doodling do? Applied Cognitive Psychology, 23 (3), 1-7.

Berk, L. S., Felten, D. L., Tan, S. A., Bittman, B. B., Westengard, J. (2001). Modulation of neuroimmune parameters during the eustress of humor-associated mirthful laughter. *Alternative Therapies In Health And Medicine*, (2), 62-72-74-66.

Borkovec, T. D., Hazlett-Stevens, H., and Diaz, M. L. (1999). The role of positive beliefs about worry in generalized anxiety disorder and its treatment. *Clinical Psychology and Psychotherapy*, 6(2), 126-138.

Blechert, I., Sheppes, G., Di Tella, C., Williams, H., and Gross, I. I. (2012). See what you think: Reappraisal modulates behavioral and neural responses to social stimuli. *Psychological Science*, 23(4), 346-353.

Brick, N. E., McElhinney, M., J., and Metcalfe, R. S. (2018). The effects of facial expression and relaxation cues on movement economy, physiological, and perceptual responses during running. *Psychology of Sport and Exercise*, 34, 20-28.

Bushman, B. J., Bonacci, A. M., Pedersen, W. C., Vasquez, E. A., and Miller, N. (2005). Chewing on it can chew you up: Effects of rumination on triggered displaced aggression. *Journal of Personality and Social Psychology*, 88, 969-983.

Carl, N. and Billari, F. C. (2014) Generalized Trust and Intelligence in the United States. *PLoS ONE*, 9(3), e91786.

Cepeda, N. J., Vul, E., Rohrer, D., Wixted, J. T., and Pashler, H. (2008). Spacing effects in learning: A temporal ridgeline of optimal retention. *Psychological Science*, 19(11), 1095-1102.

Dijksterhuis, A., Bos, M. W., Van Der Leij, A. and Van Baaren, R. B. (2009). Predicting Soccer Matches After Unconscious and Conscious Thought as a Function of Expertise. *Psychological Science*, 20, 1381-1387.

도이 히로카즈(土居 裕和) (2012). 〈화장이 갖는 자존심 양양 효과에 관한 발달뇌과학적 연구〉 *Cosmetology: Annual Report of Cosmetology*, 20, 159-162.

Dunning, D., Johnson, K., Ehrlinger, J., and Kruger, J. (2003). *Self-*

insight: Roadblocks and Detours on the Path to Knowing Thyself. New York: Psychology Press.

Dunning, D., Johnson, K., Ehrlinger, J., and Kruger, J. (2003). Why People Fail to Recognize Their Own Incompetence. *Current Directions in Psychological Science*, 12(3), 83-87.

Dutton, K. A., and Brown, J. D. (1997). Global self-esteem and specific self-views as determinants of people's reactions to success and failure. *Journal of Personality and Social Psychology*, 73(1), 139-148.

Ebbinghaus, H. (1885). *Memory: A contribution to experimental psychology.* New York: Dover

Ellingson, L. D., Kuffel, A. E., Vack, N. J., and Cook, D. B.,(2014). Active and sedentary behaviors influence feelings of energy and fatigue in women. *Medicine and Science in Sports and Exercise*, 46(1), 192-200.

Feixas, G., Montesano, A., Compan, V., Salla, M., Dada, G., Pucurull, O., Trujillo, A., Paz, C., Munoz, D., Gasol, M., Saul, L.A., Lana, F., Bros, I., Ribeiro, E., Winter, D., Carrera-Fernandez, M.J. and Guardia, J.(2014) Cognitive conflicts in major depression:

between desired change and personal coherence. *British Journal of Clinical Psychology*, 53, 369-385.

Fermin, A. S. R., Sakagami, M., Kiyonari, T., Li, Y., Matsumoto, Y., and Yamagishi, T. (2016). Representation of economic preferences in the structure and function of the amygdala and prefrontal cortex. *Scientific Reports*, 6, 20982.

Festinger, L. (1954). A theory of social comparison processes. Human Relations, 7, 117-140

Finkel E. J., DeWall, C. N., Slotter, E. B., Oaten, M., and Foshee, V.A. (2009). Self-Regulatory Failure and Intimate Partner Violence Perpetration. *Journal of Personality and Social Psychology*, 97(3), 483-99.

Fultz, N. E., Bonmassar, G., Setsompop, K., Stickgold, R. A., Rosen, B. R., Polimeni, J. R., and Lewis, L. D. (2019).

Coupled electrophysiological, hemodynamic, and cerebrospinal fluid oscillations in human sleep. *Science*, 366: 628-631.

Gilovich, T. and Medvec, V. H. (1994). The temporal pattern to the experience of regret. *Journal of Personality and Social Psychology*,

67 (3), 357-365.

히라마쓰 류엔(平松 隆円) (2011). 〈남성의 화장 행동으로서의 매니큐어 도말이 가져오는 감정상태 변화에 관한 연구〉 불교대학 교육학부 학회 기요(紀要), 10, 175-181.

Ito, T. A., Larsen, J. T., Smith, N. K., and Cacioppo, J. T. (1998). Negative information weighs more heavily on the brain: the negativity bias in evaluative categorizations. *Journal of Personality and Social Psychology*, 75(4), 887-900.

Hariri, A.R., Tessitore, A., Mattay, V. S., Fera, F. and Weinberger, D.R. (2002). The amygdala response to emotional stimuli: a comparison of faces and scenes. *Neuroimage*, 17, 317-323.

Hatfield, E., Cacioppo, J., and Rapson, R. (1992). Primitive emotional contagion. In. M. S. Clark (Ed.), *Review of Personality and Social Psychology*, 151-177, Newbury Park, CA: Sage.

Hunter, M. R., Gillespie, B. W., and Chen, S. Y. (2019). Urban Nature Experiences Reduce Stress in the Context of Daily Life Based on Salivary Biomarkers. *Frontiers in Psychology*, 10. doi:10.3389/fpsyg.2019.00722.

Kahneman, D. (2000). Evaluation by moments: past and future. In D. Kahneman and A. Tversky (Eds.), *Choices, Values and Frames*, 693-708, Cambridge: Cambridge University Press.

Keeler, J. R., Roth, E. A., Neuser, B. L., Spitsbergen, J. M., Waters, D. J. and Vianney, J. M. (2015). The neurochemistry and social flow of singing: bonding and oxytocin. *Frontiers in Human Neuroscience*, 9, 518.

Killingsworth, M. A. and Gilbert, D. T. (2010). A wandering mind is an unhappy mind. *Science*, 330, 932.

Kimura, T., Yamashita, S., Fukuda, T., Park, J. M., Murayama, M., Mizoroki, T., Yoshiike, Y., Sahara, N., and Takashima, A. (2007). Hyperphosphorylated tau in parahippocampal cortex impairs place learning in aged mice expressing wild-type human tau. *EMBO Journal*, 26(24), 5143-5152.

Kraft, T. L. and Pressman, S. D. (2012). Grin and bear it: the influence of manipulated facial expression on the stress response. *Psychological Science*, 23 (11), 1372-8.

Levitt, S. D. (2016). Heads or Tails: The Impact of a Coin Toss on Major Life Decisions and Subsequent Happiness. *NBER Working*

Paper, No. 22487.

Mackworth, N. H. (1948). The breakdown of vigilance during prolonged visual search. *Journal of Experimental Psychology*, 1, 6-21.

마시코 유키히로(益子 行弘), 가야바 나쓰미(萱場 奈津美), 사이토 미호(齋藤 美穂) (2011) 〈표정의 변화량과 웃음의 분류 검토〉 지능과 정보(학회지-옮긴이), 23(2), 186-197.

Mehta, R., Zhu, R. (Juliet), and Cheema, A. (2012). Is noise always bad? Exploring the effects of ambient noise on creative cognition. *Journal of Consumer Research*, 39(4), 784-799.

Mehrabian, A. (1971). *Silent Messages* (1st ed.). Belmont, CA: Wadsworth.

Miller, L. C., Berg, J. H., and Archer, R. L. (1983). Openers: Individuals who elicit intimate self-disclosure. *Journal of Personality and Social Psychology*, 44(6), 1234-1244.

Moser, J. S., Hartwig, R., Moran, T. P., Jendrusina, A. A., and Kross, E. (2014). Neural markers of positive reappraisal and their associations with trait reappraisal and worry. *Journal of Abnormal*

Psychology, 123(1), 91-105.

Moser, J. S., Dougherty, A., Mattson, W. I., Katz, B., Moran, T. P., Guevarra, D., Shablack, H., Ayduk, O., Jonides, J., Berman, M. G., and Kross. E. (2017). Third-person self-talk facilitates emotion regulation without engaging cognitive control: Converging evidence from ERP and fMRI. *Scientific Reports*, 7 (1), 4519.

무라타 아스카(村田 明日香), 〈에러 처리에 관한 동기 부여적 요인 검토 사상(事象)관련 전위(電位)를 어떻게 사용할까?-젊은 연구자의 제언 (2)〉. 일본심리학회 제69회 대회 워크숍91(게이오기주쿠(慶応義塾)대학) 2005년 9월.

Mussweiler, T., Rüter, K., and Epstude, K. (2006). The why, who, and how of social comparison: A social-cognition perspective. In S. Guimond(Ed.), *Social comparison and social psychology. Understanding cognition, intergroup relations and culture.* 33-54, Cambridge: Cambridge University Press.

Nittono, H., Fukushima, M., Yano, A., and Moriya, H. (2012). The power of kawaii: Viewing cute images promotes a careful behavior and narrows attentional focus. *PLoS ONE*, 7(9), e46362.

Oaten, M., and Cheng, K. (2006). Longitudinal gains in self-regulation from regular physical exercise. *British Journal of Health Psychological Society*, 11, 717-733.

O'Doherty, J., Winston, J., Critchley, H., Perrett, D., Burt, D. M., and Dolan, R. J. (2003). Beauty in a smile: the role of medial orbitofrontal cortex in facial attractiveness. *Neuropsychologia*, 41, 147-155.

Oswald, A. J., Proto, E. and Sgroi, D. (2015). Happiness and productivity. *Journal of Labor Economics.*, 33 (4). 789-822.

Owen, N., Sparling, P., Healy, G., Dunstan, D., and Matthews, C. (2010). Sedentary Behavior: Emerging Evidence for a New Health Risk. *Mayo Clinic Proceedings*, 85(12), 1138-1141.

Pennebaker, J. W. (1989). Confession, inhibition, and disease. In L. Berkowitz (Ed.), *Advances in Experimental Social Psychology*, 211-244. New York: Academic Press.

Quoidbach, J., Gruber, J., Mikolajczak, M., Kogan, A., Kotsou, I., and Norton, M. I. (2014). Emodiversity and the emotional ecosystem. *Journal of Experimental Psychology: General*, 143 (6), 2057-2066.

Radvansky, G. A., Krawietz, S. A., and Tamplin, A. K. (2011). Walking Through Doorways Causes Forgetting: Further Explorations. *Quarterly Journal of Experimental Psychology*, 64, 1632-45.

Raichle, M. E., MacLeod, A. M., Snyder, A. Z., Powers, W. J., Gusnard, D. A., and Shulman, G. L. (2001). A default mode of brain function. *Proceedings of the National Academy of Sciences of the United States of America*, 16, 98(2), 676-82.

Ramirez, G., and Beilock, S. L. (2011). Writing about Testing Worries Boosts Exam Performance in the Classroom. *Science*, 331, 211-213.

Randolph, D. D. and O'Connor, P. J. (2017). Stair walking is more energizing than low dose caffeine in sleep deprived young women. *Physiology and Behavior*, 174, 128-135.

Richards, B. A. and Frankland, P. W. (2014). The Persistence and Transience of Memory. *Neuron*, 94(6):1071-1084.

사다치 히데토시(左達 秀敏), 무라카미 요시노리(村上 義德), 도노무라 마나부(外村 学), 야다 유키히로(矢田 幸博), 시모야마 이치로(下山 一郎) (2010). 〈이를 닦는 행위의 적극적 휴식으로의 응용에 대하여〉 산업위

생학회지, 52 (2), 67-73.

Schuck, N. W. and Niv, Y. (2019). Sequential replay of non-spatial task states in the human hippocampus. *Science*, 364(6447).

Sedikides, C. and Strube, M. J. (1997). Self-evaluation: to thine own self be good, to thine own self be sure, to thine own self be true, and to thine own self be better. In Zanna, M. P. (ed.), *Advances in Experimental Social Psychology*, 209-269, San Diego: Academic Press.

스도 미즈키(須藤 みず紀), 안도 소이치(安藤 創一), 나가마쓰 도시야(永松 俊哉) (2015). 〈일과성 스트레칭 운동이 인지기능, 뇌의 산소화 동태 및 감정에 미치는 영향〉 체력 연구, 113, 19-26.

Skorka-Brown, J., Andrade, J., and May, J. (2014). Playing 'Tetris' reduces the strength, frequency and vividness of naturally occurring cravings. *Appetite*, 76, 161-165.

Szabó, M. and Lovibond, P. F. (2006). Worry episodes and perceived problem solving: A diary-based approach, *Anxiety, Stress and Coping*, 19(2), 175-187.

Talami, F., Vaudano, A. E., and Meletti, S. (2019). Motor and

Limbic System Contribution to Emotional Laughter across the Lifespan. *Cerebral Cortex*, 30(5), 3381-3391.

Tromholt, M. (2016). The Facebook experiment: Quitting Facebook leads to higher levels of well-being. *Cyberpsychology, Behavior, and Social Networking*, 19, 661-666.

Vaegter, H. B., Thinggaard, P., Madsen, C. H., Hasenbring, M., and Thorlund, J. B. (2020). Power of Words: Influence of Preexercise Information on Hypoalgesia after Exercise-Randomized Controlled Trial. *Medicine and Science in Sports and Exercise*. https://doi.org/10.1249/MSS.0000000000002396.

Vaillant, G. E. (2012). *Triumphs of experience: The men of the Harvard Grant Study*. Belknap Press of Harvard University Press.

Wang, Y., Ge, J., Zhang, H., Wang, H. and Xie, X. (2020). Altruistic behaviors relieve physical pain. *Proceedings of the National Academy of Sciences*, 117, 950-958.

요고 마사오(余語 真夫)·하마 하루요(浜 治世)·쓰다 겐로쿠(津田 兼六)·스즈키 유카리(鈴木 ゆかり)·다가이 게이코(互 惠子)(1990). 〈여성의 정신적 건강에 주는 화장의 효용〉 건강심리학연구, 3, 28-32.

Ziegler, D. A., Simon, A. J., Gallen, C. L., Skinner, S., Janowich, J. R., Volponi, J. J., Rolle, C.E., Mishra, J., Kornfield, J., Anguera, J. A., Gazzaley, A. (2019).

Closed-loop digital meditation improves sustained attention in young adults. *Nature Human Behaviour*, 3(7), 746-757.

머릿속의 스위치를 끄고 싶을 때 보는 뇌과학 이야기

나는 왜 생각이 많을까?

초판 1쇄 발행 2021년 7월 19일
초판 29쇄 발행 2024년 8월 14일

지은이 홋타 슈고
옮긴이 윤지나

대표 장선희 **총괄** 이영철
책임편집 정시아 **기획편집** 현미나, 한이슬, 오향림
디자인 양혜민, 최아영 **외주 디자인** 프롬디자인(@fromdesign_studio)
마케팅 최의범, 김경률, 유효주, 박예은
경영관리 전선애

펴낸곳 서사원 **출판등록** 제2023-000199호
주소 서울시 마포구 성암로 330 DMC첨단산업센터 713호
전화 02-898-8778 **팩스** 02-6008-1673
이메일 cr@seosawon.com
네이버 포스트 post.naver.com/seosawon
페이스북 www.facebook.com/seosawon
인스타그램 www.instagram.com/seosawon

ISBN 979-11-90179-87-4 03180

서사원은 독자 여러분의 책에 관한 아이디어와 원고 투고를 설레는 마음으로 기다리고 있습니다.
책으로 엮기를 원하는 아이디어가 있는 분은 이메일 cr@seosawon.com으로 간단한 개요와 취지,
연락처 등을 보내주세요. 고민을 멈추고 실행해보세요. 꿈이 이루어집니다.